Hermann Bausinger

SEELSORGER UND LEIBSORGER

Hermann Bausinger

SEELSORGER UND LEIBSORGER

Essays über Hebel, Hauff, Mörike,
Vischer und Hansjakob

Klöpfer & Meyer

© 2009 Klöpfer und Meyer, Tübingen.
Alle Rechte vorbehalten.
ISBN 978-3-940086-33-4

Umschlaggestaltung: Christiane Hemmerich Konzeption und
Gestaltung, Tübingen.
Herstellung, Gestaltung und Satz: niemeyers satz, Tübingen.
Druck und Einband: Pustet, Regensburg.

Mehr über das Verlagsprogramm von Klöpfer & Meyer
finden Sie unter: *www.kloepfer-meyer.de*

INHALT

SEELSORGER UND LEIBSORGER

Über das Wort *Seelsorger* stolpert man nicht. Es ist eine etwas ausgeschmückte, aber gängige Bezeichnung für die Geistlichen, die deren wichtigste Aufgabe ja auch recht gut umschreibt – obwohl und weil niemand so genau weiß, was eine Seele ist. Der Begriff *Leibsorger* ist dagegen ungewohnt. Zu den relativ seltenen Belegen gehört das Bekenntnis des badischen Pfarrers Heinrich Hansjakob, er habe sich immer auch als Leibsorger verstanden. Er bezog sich damit auf sein soziales Engagement, sein Eintreten für die armen Leute (das waren die meisten) und sein praktisches Eingreifen in die wirtschaftlichen Bedingungen.

Im Grunde gehörten die beiden Begriffe immer zusammen: Das Seelenheil wurde zwar von der diesseitigen Welt abgerückt; aber das pastorale Wirken konnte die materielle Not und die leibliche Bedürftigkeit der Menschen nicht ignorieren, sondern nahm sie in die Sorge und Fürsorge auf. Für die in unseren Porträtskizzen anvisierte Epoche gilt das in besonderem Maß. Es gab da ja noch keine spezialisierten Behörden, Abteilungen und Sachbearbeiter für alle weltlichen

Probleme, und die Theologen waren, noch vor den Lehrern, die am besten geschulten Personen in einem Dorf oder einer Stadt, sodass ihnen fast automatisch auch Aufgaben zufielen, die mit ihrer religiösen Sendung nur ganz entfernt zusammenhingen. Es ist kein Zufall, dass die Geistlichen einen wesentlichen Beitrag zur Volksaufklärung leisteten; ein großer Teil der belehrenden Schriften, die Ende des 18. und Anfang des 19. Jahrhunderts verbreitet wurden, hatte geistliche Verfasser, und es ging darin durchaus um Ackerbau und Viehfutter, um die Ordnung in Haus und Küche, um gesunde Ernährung und den Schutz vor Krankheiten.

Die Kirchen trauern diesem Zustand manchmal nach und bemühen sich in ihren Bildungs- und Freizeitprogrammen, möglichst viele Lebenszusammenhänge in ihren Kompetenzbereich zu ziehen; in den Angeboten der geistlichen Akademien tauchen Fragen der Ökonomie so gut auf wie Sport und Tanz – aber das wird dann doch eher als Ausgriff empfunden: schließlich gibt es für all diese Bereiche die legitimierten Leibsorger. Es ist auch nicht verwunderlich, dass dieser Begriff zuerst mit einem anderen Metier verbunden war. Vor fast 500 Jahren benützte der Naturforscher Paracelsus den Namen für diejenigen, die sich der ärztlichen Kunst zuwenden wollten; und wenn sich auch die Bezeichnung nicht durchgesetzt hat, so sind doch die Ärzte mehr und mehr die Leibsorger im engeren Sinn geworden.

Friedrich Nietzsche ging sogar von einer totalen Verlagerung aus und wies den Ärzten auch ein großes Stück Seelsorge zu: *Es gibt jetzt keinen Beruf, der eine so hohe Steigerung zuließe, wie der des Arztes; namentlich nachdem die geistlichen Ärzte, die sogenannten Seelsorger, ihre Beschwörungskünste nicht mehr unter öffentlichem Beifalle treiben dürfen und ein Gebildeter ihnen aus dem Wege geht* – die Ärzte sollten neben diagnostischen Fähigkeiten *eine Beredsamkeit haben, die sich jedem Individuum anpasst und ihm das Herz aus dem Leibe zieht,* und er erwartet von ihnen *die Feinheit eines Polizeiagenten und Advokaten, die Geheimnisse einer Seele zu verstehen, ohne sie zu verraten.* Das ist nun freilich, wie oft bei Nietzsche, zugespitzt und in der Realität nicht gedeckt: Zwar kennt man eine Hinwendung zum Psychosomatischen im medizinischen Bereich; aber vermutlich gibt es inzwischen mehr Ärzte, die mit Hilfe aufwendiger Apparaturen Teilgebiete des Körpers kontrollieren, als solche, die sich um die ganze leiblich-seelische Situation ihrer Patienten kümmern können und wollen. Und ein Monopol für Seelsorge haben die Mediziner jedenfalls nicht.

Die wechselseitige Beeinflussung von Leib und Seele ist ein Problem, das weder für Ärzte noch für Theologen reserviert ist. Für diese allerdings handelt es sich um eine besonders spannungsreiche Beziehung. Das zeigen die in den folgenden Essays behandelten Beispiele. Die Literaten, die zu Wort kommen, haben alle fünf ein Theologiestudium durchlaufen und abgeschlossen; dem geistlichen Beruf ein Leben lang treu geblieben sind nur zwei: *Johann Peter Hebel*, der es bis zum evangelischen Prälaten in Karlsruhe brachte, und *Heinrich Hansjakob*, der über 40 Jahre lang katholischer Priester war. *Wilhelm Hauff* trat nach seinem Studium gar nicht richtig in den kirchlichen Dienst; *Friedrich Theodor Vischer* quittierte den Pfarrdienst nach einer kurzen Vikariatszeit; und *Eduard Mörike* wird zwar immer wieder als freundlicher Landpfarrer vor- und dargestellt – mit guten Gründen, da dies seinem ganzen Habitus entsprach, aber er gab, als er noch keine vierzig war, den ungeliebten Pfarrberuf auf. Doch Leibsorger und Seelsorger waren sie alle fünf.

Johann Peter Hebel (1760–1826) war ein Vertreter jener gemäßigten Aufklärung, von der schon die Rede war. Im Bemühen, den Leuten vernünftige Begriffe beizubringen, sah er keinen Gegensatz zu seiner geistlichen Aufgabe, sondern einen wesentlichen Teil davon. Wenn heute von Hebel gesprochen wird, dann meist vom Verfasser der *Alemannischen Gedichte* oder einiger weniger besonders bekannter Erzählungen wie *Kannitverstan* oder die Geschichte vom *unverhofften Wiedersehen*. Aber diese Erzählungen brachte er zum Druck in dem badischen Landkalender, dem er viele Jahre als Autor, Redakteur und Herausgeber diente. Der Kalender sollte unterhaltende Aufklärung vermitteln, und Hebel war ein Meister darin, Belehrungen gefällig zu kostümieren. Er wandte sich gegen den Aberglauben, auch dort, wo sich dieser in einem frommen Habit versteckte, und er lockte die Leser in die Auseinandersetzung, indem er den Ton altkluger Weisungen annahm und so zunächst den Anschein erweckte, er liefere neue magische Rezepte: *Die Leute sollen in zunehmendem Mond nicht mehr essen und trinken und schlafen, allein oder selbander, als ihnen nützlich und gut ist, und im abnehmenden nicht mehr als im zunehmenden, so werden viele gesund bleiben.* So führt er auf vergnügliche Weise dubiose Glaubensvorstellungen ad absurdum, spricht über Mondphasen und Horoskope, Nutztiere und Schädlinge, Essen und Trinken – und immer aus einer vernünftigen Perspektive. Dass diese nicht in allen Fällen der heute gültigen Auffassung entspricht, ist nicht verwunderlich. Das gilt zum Beispiel für seine recht positive Einstellung zum Rauchen, die hier etwas ausführlicher dargestellt wird; sie hinkt der erstaunlich rasch wachsenden Skepsis gegen diese Gewohnheit nach, überbietet aber die neueren Diskussionen darin, dass sie mit großem Einfühlungsvermögen nach Gründen für die Lust am Rauchen sucht. Für Hebel fielen solche Dinge in den Kompetenzbereich der Pfarrer, und zwar nicht etwa, weil er sie krampfhaft in eine religiöse Perspektive rücken wollte, sondern weil er davon ausging, dass die Geistlichen von allen Gebildeten den engsten Kontakt zum Volk haben. Als er, noch ehe er selbst das Kalendergeschäft übernommen hatte, Reformschritte dafür empfahl, schrieb er, dieses Geschäft solle *nicht an viele übertragen werden, sondern an einen Bearbeiter, nicht in der Stadt, sondern an einen, der beobachtend mit und unter dem Volk lebt, an einen Landgeistlichen, der Talent, guten Willen und Muße dazu haben kann.* Praktisch bahnte er mit dieser Bemerkung den Weg zu seiner eigenen Belastung, auch wenn er nicht mehr auf dem Land, sondern schon viele Jahre in der Residenzstadt lebte.

Wilhelm Hauff (1802–1827) schwenkte nach seiner Tübinger Schulzeit in den üblichen württembergischen Ausbildungsgang für protestantische Theologen ein, fand sich im *Klosterpferch* des Blaubeurer Seminars aber nur schlecht zurecht und genoss am meisten das freie Leben in der studentischen Verbindung der »Feuerreiter«, in der er unter dem Kneipnamen *Bemperle* und mit dem leicht geschwollenen Zusatz: *der Seelenhirtschaft Anbildling* geführt wurde. Der »Anbildling« wurde aber dann kein Seelenhirte. Eine Pfarrei in der Nördlinger Gegend schlug er aus und übernahm in Stuttgart eine einträgliche Hofmeisterstelle. Nach dem zweiten Examen predigte er als Aushilfe in der Schlosskirche, und er ließ sich von der Kirche auch nur beurlauben; aber inzwischen war seine literarische Produktion schon so ausgedehnt und erfolgreich, dass der Gründung einer Familie nichts im Weg stand und dass er sich weite Reisen und manchen, wenn auch bescheidenen Luxus leisten konnte. Er war bereits ein berühmter und auch umstrittener Autor, als ihn ein schweres »Nervenfieber« außer Gefecht setzte; was sich hinter solchen älteren Diagnosen verbarg, lässt sich kaum rekonstruieren. Er erlebte die Geburt einer Tochter im Krankenbett, etwas mehr als zwei Wochen danach starb er, noch nicht einmal ganz 25-jährig. Schon im dritten Jahr nach seinem Tod erschien eine erste Gesamtausgabe seiner Werke mit 36 Bänden – das bezeugt nicht nur die unbegreifliche Quantität der Produktion weniger Jahre, sondern auch das Ansehen, das Hauff trotz kritischer Einwände genoss. Was in der Kritik immer wieder hervorgehoben wurde, ist sein ausgeprägter Wirklichkeitssinn, der ein Gegengewicht zu gelegentlichen sentimentalen Anflügen bildete und der ihn vor allzu luftigen romantischen Eskapaden bewahrte. Er bewegte sich schwärmerisch in der Natur, und er mengte den landesgeschichtlichen Episoden, die er in seinem Roman *Lichtenstein* schilderte, hemmungslos phantastische Züge bei; aber er war auch darauf bedacht, die Leute in ihren alltäglichen Zuständen und Verrichtungen zu schildern und dabei ihr Aussehen und ihre Gewohnheiten zur Geltung zu bringen. Das gilt paradoxerweise gerade auch für seine Märchen, in die er orientalische Farben mischte, die aber den deutschen und manchmal schwäbischen Grund durchscheinen lassen.

Bei *Eduard Mörike* (1804–1877) ruft das Stichwort

Leibsorger zuerst Assoziationen ab, die mit seinem eigenen körperlichen Befinden zu tun haben. Krank war er oft, und kränklich eigentlich immer; zeitlebens musste er besorgt sein um seine Gesundheit. Mit Anteilnahme und Bedauern liest man von den Schwierigkeiten, denen er seine Poesie – und darunter ja durchaus heitere Gedichte und Geschichten – abtrotzte; aber manchmal wird ihm auch die Rolle des Hypochonders zugewiesen, der sich pausenlos ängstlich selbst beobachtete. Schon in seinen Dreißigern erreichte er eine Art Altersteilzeit und reduzierte seine kirchlichen Pflichten, und mit 39 gelang es ihm, diese Pflichten gänzlich abzuschütteln. Als Folge der Krankheit, die ihn auch tagsüber meist zur Ruhe zwang? Oder unter dem Vorwand der Erkrankung, die seine Versäumnisse entschuldigte? Ein genaues Urteil darüber ist kaum möglich; man ist ja nicht einmal sicher, um welche Krankheit es sich handelte (viel spricht für eine Form der Multiplen Sklerose). Aber in seinen Briefen gibt es Hinweise auf seinen Umgang mit äußeren und inneren Schwierigkeiten, und es fällt auf, wie zurückhaltend, scheu und auch selten er darüber in diesen relativ intimen Zeugnissen spricht. Dagegen erfährt man eine Menge über ganz alltägliche Dinge und über die Art und das Leben seiner Pfarrkinder und Nachbarn. Und man kann verfolgen, wie konsequent Mörike die ausführliche Kommunikation mit seinen Partnern brieflich aufrecht erhielt und wie intensiv er sich das

Befinden seiner Freunde vergegenwärtigte – als Seelsorger und Leibsorger.

Auch *Friedrich Theodor Vischer* (1807–1887), Ludwigsburger wie Mörike, verabschiedete sich früh aus der Karriere eines Geistlichen – allerdings, um mit Energie und Leidenschaft einen neuen Beruf zu ergreifen: den eines Gelehrten, der ihn auf Professuren in Tübingen, Zürich und Stuttgart führte. Vischer notierte einmal: *Ich habe schlechterdings kein theologisches Blut.* Damit zielte er wohl darauf, dass er sich mit den kirchlichen Glaubensvorstellungen nicht wirklich anfreunden konnte. Aber auch er erhielt seine Ausbildung im Seminar (in Blaubeuren und Maulbronn) und im Tübinger Stift, wo er später sogar kurze Zeit als Repetent wirkte, und er hatte vorübergehend eine Vikarsstelle. Wie gut er dabei den Geist und die Atmosphäre eines schwäbischen Pfarrhauses kennen lernte, bewies er Jahrzehnte später in seinem Lustspiel *Nicht I a* – die Klassifizierung bezog sich auf die Examensnote, die der Pfarrherr von seinem Vikar erwartete, die dieser aber nicht erreichte. Vischer schloss sein Studium mit dem theologischen Doktor ab, und er beschäftigte sich auch weiterhin mit theologischen Fragen, aber von einem kritischen Standpunkt. *Seit ich nichts mehr glaube, bin ich erst religiös geworden*, schrieb er. Eine Pfarrstelle lehnte er ab, und in einer ganzen Reihe von Artikeln und Aufsätzen setzte er sich mit der Kirche auseinander. Er wollte sich nicht abfinden mit dem harmlosen Bild Gottes als Person: *hast du ihn gesehen?* fragte er ironisch, und weiter: *Du tust, als hättest mit ihm zu Mittag gegessen.* Und er übte auch Kritik am christlichen Menschenbild, das nach seiner Auffassung die körperliche Seite ignorierte oder verteufelte. Dagegen brachte er, ein wirklicher Leibsorger, die Gymnastik und das Turnen in Stellung, das sich damals, vor allem auch im akademischen Bereich, auszubreiten begann.

Bei *Heinrich Hansjakob* (1837–1916) hat das Wort Seelsorger seinen sichersten Platz. Auch wenn von ihm als Dichter die Rede ist, wird fast immer vom Pfarrer Hansjakob gesprochen. Aus gutem Grund: Fast 15 Jahre hatte er die Pfarrstelle in Hagnau am Bodensee, und beinahe 30 Jahre war er Stadtpfarrer an St. Martin in Freiburg. Seinem ursprünglichen Berufswunsch entsprach das allerdings nicht. Nach dem Studium der Katholischen Theologie und der Priesterweihe legte Hansjakob das philologische Staatsexamen ab, war Lehrpraktikant und wurde danach Schulvorstand der Höheren Bürgerschule in Waldshut. Baden hatte damals eine liberale Regierung, die viel für die Modernisierung des Landes bewirkte, die aber mit den Vertretern der katholischen Kirche keineswegs liberal verfuhr. Als Hansjakob in einer Wahlrede für die neu gegründete Katholische Volkspartei die Regierung angriff, wurde er zu einer Gefängnisstrafe verurteilt und aus dem Schuldienst entfernt – aber von der Kirche auf-

gefangen. In Waldshut hatte er nebenbei eine Kaplans-
stelle versehen; jetzt wurde ihm die Pfarrei am See
übertragen, zuerst als Pfarrverweser, weil die Regierung
die Besetzung einer vollen Pfarrstelle hätte blockieren
können. Heinrich Hansjakob blieb ein wehrhafter
Verteidiger des christlichen Glaubens, allerdings nicht
immer streng im Sinn der vorherrschenden kirchlichen
Lehre. Mit seiner Partei, für die er im Landtag saß, geriet er in Konflikt, als er sich der Position der Regierung
annäherte, um weitergehende Einschränkungen der Kirche zu verhindern. Ein Mitläufer war er nie, sondern
ein eigenwilliger und oft eigensinniger Kopf. Obwohl
er mit seinen Schriften großen Erfolg hatte, zog er sich
nicht in seine Studierstube zurück; er war ständig auch
mit praktischen Problemen befasst und bemüht, auch
die materielle Situation seiner Pfarrkinder zu verbessern. Es ist kein Zufall, dass er zur Charakterisierung
seiner Arbeit die Bezeichnung *Leibsorger* neben den
Seelsorger gestellt hat. Er war beides.

Wie auch die andern hier porträtierten Personen.
Das Mischungsverhältnis war verschieden. Es gab die
Ausdehnung der pastoralen Tätigkeit auf weltliche Verhältnisse aus der Mitte des Glaubens heraus; aber es gab
mit dem Blick auf praktische Probleme auch die Dis-
tanzierung von der Theologie, entschiedenes Engagement in sozialen Fragen und gleichzeitig die Entfaltung
weltlicher Formen der Seelsorge. Die Kombination
von Seelsorge und Leibsorge war (und ist) im Grunde

unvermeidlich; sie entspricht ja doch dem Wesen des Menschen und dem doppelten Zuschnitt seiner Schwierigkeiten und Möglichkeiten.

GEISTREICH UND SACHLUSTIG

Johann Peter Hebel
erklärt die Lust am Rauchen

In den Debatten um Rauchverbote war viel von Gefährdungen der Gesundheit und auch von der vertrackten Verquickung mit Steuerfragen die Rede, wenig dagegen davon, was Raucher und Raucherinnen zu ihrem fragwürdigen Tun antreibt. Erstaunlich wenig – schließlich geht diese Motivation doch der ganzen Problematik voraus, und die Tabakkonsumenten sind ja nicht angetreten, um systematisch die Volksgesundheit zu ruinieren oder um dem Staat zusätzliche Steuereinnahmen zu verschaffen. Warum also rauchen die Menschen, nicht alle, aber immer noch ziemlich viele?

Eine zwar sicher nicht erschöpfende, aber recht plausible Antwort auf diese Frage findet sich bei einem Autor, mit dem man in diesem Zusammenhang kaum gerechnet hätte: Johann Peter Hebel. Vorweg: Hebel, Gymnasialprofessor und später Prälat in Karlsruhe, hat selbst gern gelegentlich sein Tabakspfeiflein angezündet, und in seinen Erzählungen und Gedichten kommt die Tabakspfeife immer wieder einmal vor; mit Zigarren scheint sich der Dichter nicht angefreundet zu haben, und die Zigaretten kamen bei uns bekanntlich erst in der zweiten Hälfte des 19. Jahrhunderts auf. Die Pfeife dagegen ist bei Hebel geradezu ein Symbol für Zufriedenheit und Gemütlichkeit. In einer seiner Geschichten stopft sich der Offizier, der aus dem Urlaub zurück fährt, ein Pfeifchen Tabak; desgleichen der junge Bursche, der sich in der Kutsche mitnehmen lässt. Ein Mann, der in Ungarn aus einem regelrechten Winterschlaf erwacht, greift zuerst nach seiner Tasche, *ob er ein Pfeiflein Tabak rauchen könne*, und einer erzählt, er sei *von der Insel Capri aus eine halbe Stunde weit durch das Mittelländische Meer gegangen*, habe dabei mit der linken Hand *die Pfeife gehalten, und mit der rechten ein wenig gerudert*.

Die Tabakspfeife findet also auch in Lügengeschichten ihren Platz, und vor allem ist sie ein wichtiges Requisit, manchmal sogar der eigentliche Gegenstand in den alemannischen Dialektgedichten. Da ist ein Biedermann, *e Biderma*, der *zündet s Pfifli a*, und gewiss nicht nur des Reimes wegen. Da ist der *Ätti*, der Großvater, der um Rücksicht auf den einschlafenden Säugling gebeten wird, weil das Tabakschneiden zu viel Lärm macht, der aber dann ungestört rauchen darf – offenbar sah man darin kein Problem für das kleine Kind. In einer langen gereimten Epistel wendet sich der Autor an den Vogt, um sich über einen Mann zu beschweren, der ihm schon viele Wochen seine Meerschaumpfeife, die er reinigen sollte, nicht zurückbringt. Das Gedicht *Der zufriedene Landmann* setzt gleich mit dem Griff nach dem Rauchtabak ein; und der Tabak wandert auch in Thema und Titel eines Gedichts: *Der allezeit vergnügte Tabakraucher* erlebt die vier Jahreszeiten intensiv in ihrem Wechsel, aber die bleibende Erfahrung ist, dass das Pfeiflein so gut schmeckt.

Doch die Pfeife gehört für Hebel nicht nur zum Repertoire seiner poetischen Genrebilder, er fragt auch ganz sachlich nach den Gründen für die Beliebtheit dieses Instruments. *Vom Tabakrauchen* ist seine kleine Betrachtung überschrieben, und sie macht schon in den ersten Sätzen deutlich, wie merkwürdig diese Gewohnheit ist, welche die meisten Menschen eben *als Gewohnheit* betrachten, ohne nach den Hintergründen zu fragen: *Es ist eine eigene Sache um das Tabakrauchen. Tausende rauchen und wissen nicht warum – müssen rauchen und wissen nicht warum.* Unser Alltag setzt sich über weite Strecken aus unerklärten Gewohnheiten zusammen; die Gewöhnung verdrängt gewissermaßen die Frage nach Erklärungen. Das ist eine vernünftige Einrichtung, eine Entlastung – kaum auszudenken, wie banale Verrichtungen und Gegebenheiten funktionieren sollten, wenn vor jeder Handlung Rechenschaft über die Gründe gesucht werden müsste. Aber es gibt Gewohnheiten, bei denen man sich mit diesem Automatismus nicht zufrieden geben sollte, und das Rauchen gehört für Hebel dazu. Ihm drängt sich die Frage auf, *was der Sinn des Geschmackes Angenehmes dabei empfinde, wie ihm der stinkende Rauch dieses Krautes Bedürfnis sei;* und er konstatiert: *Es scheint unbegreiflich, wie jemand hat mögen anfangen Tabak zum Vergnügen zu rauchen.*

Zweifellos haben die Produzenten inzwischen einiges getan, um den stinkenden Rauch weg zu parfümieren; aber eine gewisse Paradoxie liegt noch immer im Vergnügen am Rauchen, sodass Hebels Frage nicht passé ist: *Was hat die seltsame Gewohnheit Angenehmes? Worin besteht das Vergnügen davon?* Hebels Antwort lautet in aller Kürze: *Positiv in nichts.* Aber da hat er dem »Nichts« bereits eine so schlüssige Struktur und so viel Farbe gegeben, dass Nichtraucher bekehrt werden könnten oder sich zumindest fragen müssen, ob sie nicht in der Apparatur ihrer Sinnlichkeit ernsthaft beeinträchtigt sind. Hebel geht davon aus, dass die menschlichen Sinne ständig einen Zustand der Aktivierung, der Beschäftigung suchen. Solange der Mensch wacht, ist das Auge *unaufhörlich beschäftigt,* und die Inaktivierung wird als Belastung empfunden: *Wie langweilig und lästig ist uns gänzliche Finsternis!* Für das Ohr leuchtet diese Einschätzung nicht sofort ein – schließlich meldet sich in unseren lärmenden Zeiten oft genug das Bedürfnis nach Stille. Aber nicht nach totaler Stille, hätte Hebel eingewendet; er malt mit hübschen Beobachtungen aus, wie auch das Ohr ruhelos aktiv ist: *Ein unaufhörliches Geräusch gibt ihm den ganzen Tag über Beschäftigung, sei es auch nur unser eigener Fußtritt, unsers Atmens Rauschen (...). Unwillkürlich klimpern wir eher mit den Fingern, rauschen mit einem Papierchen, schleppen, wo wir einsam gehen, den Stock auf dem Boden nach, damit er rassele, oder schwingen ihn einmal in der Luft herum, dass er sause, sprechen ein paar laute Worte, tun einen einem lauten Seufzer ähnlichen Atemzug, singen oder pfeifen, wecken irgendeinen Schall in der Luft und fühlen ein dunkles Wohlbehagen dabei.*

Auch für den Tastsinn (Hebel nennt ihn *Gefühl*) und den Geruchssinn werden Beispiele angeführt, die das ständige Aktivieren und damit etwas wie Funktionslust belegen; aber der Geschmackssinn, *an einer zurückgezogenen, verborgenen, eingeschlossenen Stelle des Körpers angebracht,* ist oft zur Untätigkeit verdammt, *wenn die andern Sinne alle etwas zu tun und zu spielen haben.* Und an dieser Stelle nimmt Hebel die Kurve zum Rauchen: *Aber wie der Mensch dem Ohr durch selbst geweckte Töne, dem Gefühl durch Druck und Reiben, dem Geruch durch Blumen und Lavendelwasser zu Hilfe zu kommen weiß, so fand er auch etwas für den Geschmack. Ob die Natur den Kopf dazu nickte oder schüttelte, ist hier einerlei …*

Was der Mensch gefunden hat, beschreibt Hebel mit einem Seitenblick auf die Möglichkeiten der anderen Sinne: *Wir können, ohne es zu wissen, stundenlang den Rauch einsaugen und ausblasen, wie wir, ohne es zu wissen, stundenlang eine Wand, eine Tür, einen Tisch im Auge haben, das ferne Rauschen des Wassers oder der Fußtritte auf der benachbarten Straße usw. hören, den Druck übereinandergelegter Glieder oder sanft gebissener Lippen usw. fühlen. Aber wenn wir's eine*

Zeitlang entbehren, so wird uns die Leere des Gefühls so lästig als lange Finsternis und öde Stille. Und es besteht nicht nur eine Parallele zu den anderen Sinnesempfindungen, sondern diese sind beim Rauchen auch einbezogen – *der Geruch durch das, was von dem Rauch der Nase zuteil wird; das Auge durch die in tausenderlei Gestalt schwimmenden und wirbelnden und zerfließenden Wölkchen; selbst, wiewohl sehr schwach, das Ohr durch jene wiederholte Aufschnellung der Lippen und das Gefühl durch das Herumfahren der Pfeife in Hand und Mund.*

Die Analyse ist sicher ergänzungsbedürftig. Sie ignoriert, dass die Karriere der Raucher meist als Initiationsritual beginnt, als Schritt zum Erwachsenwerden, und dass auch danach soziale Anpassungszwänge im Spiel sind. Und sie ignoriert andererseits auch eine physiologische Dimension der Konditionierung, der raschen Gewöhnung, die ja die Grenze zur Sucht überschreiten kann. Trotzdem – Hebels Text sagt eine Menge aus zur Psychologie des Rauchens.

Aber sagt diese Skizze auch etwas aus über Johann Peter Hebel? Er hat in der literarischen Tradition seinen Platz als Dichter liebenswürdiger Idyllen und als begnadeter Erzähler; Ernst Bloch wird immer wieder zitiert mit seiner Einschätzung, Hebels »*Unverhofftes Wiedersehen*« rühme man nicht zu viel, *wenn man es die schönste Geschichte von der Welt nennt.* Setzt man so die Akzente, dann wäre Hebels Tabaks-Essay eine

Trouvaille, ein unverhoffter Fund, der gerade dadurch Interesse hervorruft, dass er, ganz an der Peripherie des literarischen Werks angesiedelt, eine Kuriosität darstellt. Löst man sich aber von den (wohlverstanden: legitimen) literarhistorischen Hierarchisierungen und versucht Hebel mit all seinen Schriften in seine Zeit zu stellen, dann kehrt sich das Verhältnis beinahe um. Nach den 1803 veröffentlichten alemannischen Gedichten konzentrierte sich Hebels literarische Tätigkeit fast ausschließlich auf Beiträge für den badischen Landkalender, der ihm so am Herzen lag, dass er sich sogar zur Übernahme der Redaktion überreden ließ. Für die jährlich erscheinenden Kalender schrieb er all seine schönen Geschichten; einen Teil fasste er später in der Sammlung »*Schatzkästlein des rheinischen Hausfreundes*« zusammen. Aber er schrieb für die Kalender auch kurze geschichtliche Darstellungen, Beschreibungen von Naturphänomenen und andere wissenschaftliche Abhandlungen, philosophische Betrachtungen und kurze Belehrungen zum richtigen Sprachgebrauch, Anekdoten und Sprichworterläuterungen, Rechenexempel und andere Denksportaufgaben. Ein buntes Potpourri also, das aber bei aller Vielfalt der Gegenstände nicht diffus wirkt, weil es ein Kompendium praktischer Aufklärung darstellt.

Hebel war ein Aufklärer. Wer diese Zuordnung bei einem Theologen vornimmt, gerät in ein Spannungsfeld. Aber es ist zu bedenken, dass damals fast das ganze Bildungswesen mitbestimmt war von Theologen, die auch alle höheren Positionen in den Schulen besetzt hielten – auch der Theologe Hebel hatte während der Jahre seines Engagements für den Kalender sein Hauptamt am Karlsruher Gymnasium als Professor und später als Direktor. Und was die praktizierenden Pfarrer anlangt, so waren sie dem Alltag und den Alltagssorgen der einfachen Menschen am nächsten, und daraus ergab sich nicht nur eine geistliche, sondern auch eine geistige Fürsorgepflicht. Der geistliche Hintergrund neutralisierte zwar manche Intentionen der Aufklärung, aber er bot andererseits einen Schutz dagegen, dass alles Dunkle und Unverständliche im Leben der Menschen auf Banalitäten heruntterdividiert wurde – zu den »Plattisten«, wie die flachen Aufklärer manchmal genannt wurden, gehörte Hebel ganz sicher nicht. Doch die Bemühung, möglichst vielen Menschen richtige Anschauungen und vernünftige Begriffe beizubringen, bestimmt Hebels literarische Arbeit und hält ihn trotz manchen Schwierigkeiten am Kalender fest. In der Einleitung zu einer kleinen Erzählung sagt Hebel von sich: *was er in gelehrte Bücher hineinstiftet, lesen nicht viel Leute, am wenigsten die Gelehrten selber,* der Kalender aber habe *nach den neuesten Zählungen 700 000 Leser.* Bezieht man diesen Wert auf die Zahl der Menschen, die im Verbreitungsgebiet des Kalenders lebten, so kann man durchaus noch Abstriche machen und landet doch bei einer

Relation, die alle Bestsellerbefunde von heute hinter sich lässt.

Das war freilich nicht von Anfang an so. Im Winter 1805/06 registrierte man bei der badischen Regierung besorgt, dass die Nachfrage nach dem *Curfürstlich badischen Landkalender* immer schwächer wurde. Man gründete eine Kommission, die sich Gedanken über die Gründe machen sollte. Ihr gehörte Hebel an, und er verfasste zwei ausführliche Stellungnahmen zu Aufbau und Inhalt des Kalenders und machte darin Vorschläge *für eine vorteilhaftere Einrichtung* desselben. Er ging ins Detail, sprach von der Einführung eines attraktiven Namens als Lockspeise, regte die Verwendung größerer Lettern und rotfarbiger Bilder an. Vor allem aber sollte es künftig nur *einen* Bearbeiter geben. Hebel brachte sich damit nicht dezidiert selbst ins Spiel; er wünschte sich *einen, der beobachtend mit und unter dem Volk lebt, einen Landgeistlichen.* Aber die meisten Charakterisierungen treffen sehr genau auf ihn selbst zu, und er dürfte wenigstens mit dem Gedanken der Übernahme gespielt haben, als er am Ende des zweiten Gutachtens formulierte, man möge die Bearbeitung *gegen ein erkleckliches und aufmunterndes Honorarium einem geistreichen und sachlustigen Mann* übergeben.

Hebel war geistreich, und er war sachlustig. Dieses Wort findet sich in keinem Lexikon, nicht einmal im Grimmschen Wörterbuch – vielleicht hat es Hebel erfunden und es ist nur dieses eine Mal gebraucht worden. Dabei trifft es präzise die unentbehrliche journalistische Tugend, mit Neugier und Interesse möglichst viel von der bunten Vielfalt der Dinge und Ereignisse in unserer Welt zu begreifen. Es dauerte noch einige Jahre, bis Hebel die Redaktion übernahm und unter dem Namen »*Rheinländischer Hausfreund*« vier Jahrgänge des Kalenders betreute. Den ersten Jahrgang eröffnete er mit *Allgemeinen Betrachtungen über das Weltgebäude,* in denen er astronomische Erkenntnisse vermittelte, und bald folgten Artikel über die Unterscheidung nützlicher von giftigen Schlangen, über Spinnen, Eidechsen und fliegende Fische, über die Besonderheiten von Pflanzen und ihre Gefährdung durch Schädlinge wie die Prozessionsraupen, über ferne Länder und historische Ereignisse.

Das Wörtchen sachlustig zielt an sich nicht auf Komik – so wenig wie streitlustig oder spottlustig. Es will besagen, dass die Sachen wichtig genommen werden und dass man aufgeschlossen damit umgeht. Aber ein wenig gleitet die Bedeutung doch ins Feld des Vergnüglichen hinüber. Jedenfalls betont Hebel in seinen Gutachten: *Die Absicht, zu belehren und zu nützen, sollte nicht voranstehen, sondern hinter dem studio placendi (Eifer zu gefallen) maskiert und desto sicherer erreicht werden.* Und im Blick auf historische Artikel schreibt er, diese *müssten viel zweckmäßiger gewählt, populärer, sinniger, reiner und unter einer*

lustigen Außenseite lehrreicher bearbeitet werden –
eine Forderung, die er selbst meisterlich erfüllte: Viele
seiner Abhandlungen und Erzählungen sind lustig,
ohne aber die sachliche Richtigkeit preiszugeben.

Hebel betont diesen indirekten Weg, weil er sich
über die Schwierigkeit und auch die Grenzen aufklä-
render Belehrung im klaren ist. Auch *über die Frage,
wie dem Gebrauch anstößiger Volkslieder am sichersten
vorzubeugen sein möchte,* schrieb Hebel ein Gutachten, aus dem deutlich wird, wie skeptisch er die päda-
gogischen Chancen beurteilte. Das Angebot *besserer
Lieder* allein wird nach seiner Auffassung *sittenwidrige
Lieder* nicht verdrängen – diese seien nicht deshalb
im Schwang, weil keine edleren verfügbar sind, sondern weil sie dem *Charakter und Geschmack des Volks*
entsprechen, sodass bestenfalls hier anzusetzen wäre.
Hebel hängt aber das ganze Problem auch tiefer, indem
er beispielsweise darauf hinweist, dass die Texte für die
Singenden gar nicht so wichtig sind: *Sie wollen bei dem
Gesang nichts denken und nichts fühlen, nur einen Text
haben für die Töne.*

Eine Abwertung der bildungsfernen Schichten war
für Hebel damit nicht verbunden. In einem Schreiben
ans badische Innenministerium sagte er vom *gemeinen
Mann,* er sei *in seiner Art ebenso neugierig als der Ge-
bildete* – eben deshalb bemühte er sich um vernünftige
Vermittlungswege. Seine nüchterne Einschätzung der
Wirklichkeit kam ihm dabei zu Hilfe; sie hielt ihn fern

von falschen Anbiederungen. Was aber gewiss zum Erfolg seiner Schriften beitrug, war die Tatsache, dass sein Realismus gepaart war mit einer optimistischen Sicht auf die Möglichkeiten, sodass der hoffnungsvolle Grundton auch in der Schilderung von Zeitereignissen jener von Krieg und Not bestimmten Epoche nicht ganz verloren ging. Anflügen von Katastrophen-stimmung stellt sich Hebel entgegen. In konkreten Zusammenhängen – so etwa, wenn er den warmen Winter 1806/07 zum Anlass nimmt, aus alten Chro-niken vergleichbare Extreme anzuführen, und am Ende urteilt: *Es ist besser, wenn am St. Stephanstag die Bäume treiben, als wenn am St. Johannistag Eiszapfen daran hängen.* Oder auch in allgemeiner Form. Aus-gehend von den Vergleichen, welche die Leute gerne mit den früher angeblich besseren Zeiten anstellen, nimmt er sich einmal die genauen Erträge und Preise vergangener Epochen vor und kommt zu dem Schluss: *Also sind die Zeiten seit sechshundert Jahren trotz Pest und Kriegen und Revolutionen und Pariser Kaiser-regierung im ganzen immer ein wenig besser worden.*

Die freundliche Schilderung von Lebensformen und Lebenswelten seiner Zeit führt leicht dazu, dass der konservative Zug, den es in Hebels Denken und Handeln zweifellos gab, überschätzt wird. Auch wo ihm sentimentale Anhänglichkeit an die verlorene länd-liche Kindheit die Feder führt, fehlen im allgemeinen Attacken gegen Neuerungen; und ausdrücklich sucht und fordert er eine Balance zwischen Treue zum Alten und Offenheit gegenüber Neuem. Zu Versuchen, Verbesserungen in Ackerbau oder Viehzucht einzuführen, sagen nach Hebels Beobachtung die meisten: *Wir wollen bei der Weise unserer Väter bleiben, und wie sie's getrieben haben, so treiben wir's auch.* Hebel stimmt dem zu – aber er leitet daraus keinen Stillstand ab: *unsere Väter und Voreltern haben lange und vielerlei versucht und guten Rat nicht verachtet. Manches ist misslungen; manches ist wohlgeraten und besser worden, und so können wir auch noch in Zukunft weiterkommen und unsern Ackerbau und Wohlstand verbessern, wenn wir nur Wort halten und dem Beispiel unserer lernbegierigen und fleißigen Vorfahren folgen.*

Hebel, den man oft dem vermeintlich unveränderlichen Jahrtausendrhythmus des Bäuerlichen zuwies und den man manchmal zum altväterischen Verteidiger von Idyllen stilisierte, sah die Vielfalt der Lebensformen, und er respektierte das Veränderungspotenzial, das in dieser Vielfalt lag und liegt. Seine ironische und selbstironische Offenheit gegenüber Menschen, Dingen und Ereignissen wird gerade dort am deutlichsten, wo andere die Tür schließen und ihre Zuhörer oder Leser auf Dogmen verpflichten: im Moralisieren. Dass Poesie ganz in den Dienst der Moral gestellt wird, galt Jahrhunderte lang für große Teile der Literatur und war vom Publikum akzeptiert und sogar gewünscht, hat aber in der jüngeren Zeit an Kredit verloren:

So fühlt man Absicht, und man ist verstimmt, heißt es in Goethes »Tasso«, und es ist kein Zufall, dass dies zum geflügelten Wort geworden ist. Bei Hebel aber merkt man die Absicht, und man ist keineswegs verstimmt. Warum?

Es muss an der Art liegen, wie er Moral predigt. Bei näherem Zusehen kann man feststellen, dass er das Metier des poetischen Moralisierens erst allmählich gelernt und dann verfeinert hat. In einem seiner ersten Kalenderbeiträge erzählt er von dem undankbaren Sohn, der seinem alten Vater im Armenspital nicht einmal zwei Decken gönnt, aber erfahren muss, dass er von seinem eigenen Sohn auch keine andere Behandlung zu erwarten hat. *Was lernen wir daraus?* fragt Hebel am Ende, und dann bezieht er die Geschichte pauschal auf das Bibelwort »*Ehre Vater und Mutter, auf dass es Dir wohlgehe!*« Zehn Jahre später – er ist inzwischen Herausgeber des Landkalenders geworden und kommt so als »*Hausfreund*« in fast jede Stube vom südlichen Schwarzwald bis ins Karlsruher Unterland und darüber hinaus – destilliert er nur noch selten kompakte Gebrauchsanweisungen aus seinen Geschichten. Da erzählt er beispielsweise von einem streitlustigen Ehepaar, dessen Wortwechsel oft in Handgreiflichkeiten überging, dem aber der Pfarrer zu helfen wusste: Er gab der Frau *geweihtes Wasser*, das in Wirklichkeit mit Rosenöl versetztes Quellwasser war, und forderte sie auf, davon ein Schlückchen zu nehmen

und im Mund zu behalten, sobald sich ein Streit an-
bahne. *Die Frau befolgte den Rat; das geweihte Wasser
bewährte seine Kraft, und die Nachbarsleute sagen oft
zusammen: ›Unsere Nachbarn sind ganz anders worden. Man hört nichts mehr.‹* Und dann macht Hebel
einen Gedankenstrich, hebt gewissermaßen den Zeige-
finger, schreibt aber nur ein einziges Wörtlein: *Merke*
und schließt mit einem Ausrufezeichen. Merke – das
ist die herkömmliche Einleitung des moralischen Be-
schlusses; aber der bleibt aus, oder vielmehr: er wird
nicht vorgekaut, sondern der Leser muss sich selber
fragen, was an der Geschichte im eigentlichen Wortsinn
merk-würdig ist, und der Weg zu eigenen moralischen
Überlegungen wird nicht abgeschnitten, etwa zu der,
dass ja wohl auch der Mann ein wenig geweihtes Wasser hätte vertragen können.

*Der Hausfreund denkt etwas dabei, aber er sagt's
nicht,* heißt es am Ende einer weiteren Geschichte.
Aber auch wo der Hausfreund etwas sagt, spricht er
keine Verpflichtung aus, sondern macht ein Angebot.
Von der naiven Geradlinigkeit vieler Aufklärungs-
pädagogen, für die sich Tugend immer klar erkennbar
präsentierte und für die Glück eine notwendige Folge
der Tugend war, entfernt sich Hebel; er schlägt Haken,
und er erlaubt sich und der Leserschaft spielerische
Um- und Abwege. Er lässt seine Leser nicht im Zweifel
darüber, dass er die Fäden seiner Geschichten in der
Hand hält – unabhängig davon, ob es sich um eine

wahre Begebenheit oder um eine erfundene Szene handelt. Eine seiner Erzählungen, die von den *drei Dieben*, leitet Hebel mit dem Satz ein: *Der geneigte Leser wird ermahnt, nicht alles für wahr zu halten, was in dieser Erzählung vorkommt.* Es geht ihm also nicht um objektive Richtigkeit; der Autor ist in der Lage und berechtigt, unabhängig von ihr die Weichen zu stellen. In einer Geschichte aus dem Dreißigjährigen Krieg kommt ein Mann nach vielen Jahren bei der Armee zu seinem alten Meister zurück und vermacht ihm sein ganzes Erbe. *Der Meister aber*, schreibt Hebel, *rührte das Geld nicht an, sondern stiftete es für die Armen.* Und dann relativiert er diese Feststellung und gibt ihr eben dadurch noch mehr Gewicht:

Merke: Der Hausfreund kann letzteres nicht für gewiss sagen. Aber er denkt so: War der Jobbi ein guter Knecht, so war der Meister ein guter Mensch. Fromme Herrschaft zieht gutes Gesinde (…). Ist also der Wirt ein so räsonabler Mann gewesen, hat er auch das Geld den Armen geschenkt.

Wenn es ihm angebracht scheint, tritt Hebel mitten in einer Geschichte aus dem Gang der Handlung heraus und wendet sich an die Leser. Ein »fechtender«, also um Unterstützung bittender Handwerksbursche kommt zu einer allein lebenden kranken Witwe und verlässt, ohne bemerkt worden zu sein, leise wieder das Zimmer. Hebel weiß, was seine Leser jetzt erwarten, und deshalb fügt er eine Warnung ein: *Lieber Leser, denke nicht, der hat's lassen drauf ankommen, ob jemand in der Stube ist, hat seinen Zehrpfennig selber wollen nehmen: Sonst musst du dich schämen und in deinem Heruzen einem edlen Menschen Abbitte tun –* der Handwerksbursche kommt nämlich nach fünf Stunden wieder und versorgt die Frau mit dem Nötigsten. In einer anderen Geschichte aus dem Krieg wird ein Amtmann als Spion verdächtigt, und es droht ihm der Strick. Als sich alle Verdachtsmomente gegen ihn kehren, beruhigt Hebel seine Leser: *Dem Hausfreund ist's aber bei dieser Geschichte nicht halb so angst als dem geneigten Leser; denn ohne seinen Willen kann der Amtmann nicht sterben* – und er muss auch nicht sterben, weil der über ihn zu Gericht sitzende Hauptmann in ihm seinen Retter entdeckt, der ihn drei Tage vor den Franzosen versteckt hatte. Am Ende sitzen sie beide bei einer Mahlzeit am Familientisch des Hauptmanns, – *und der Hausfreund tut auch einen Freudentrunk, dass er wieder ein Exempel der Gerechtigkeit statuiert hat.*

Der Autor nimmt den Leser freundlich an der Hand, ohne ihn zu gängeln – dies gilt, wenn Hebel beispielsweise in der bekannten Geschichte »Kannitverstan« zeigt, dass auch ein Missverständnis seine guten Seiten haben kann; es gilt aber auch für Belehrungen wie die kleine Studie zum Tabakrauchen. Die Erzählungen und die belehrenden Sachartikel, die ja auch in bunter Mischung im Kalender erschienen, gehören zusammen. Hebel zieht seine Leser hinein in spannendes Geschehen wie in interessante Sachzusammenhänge, mit dem ausdrücklichen oder stillschweigenden Appell, aus dem Erzählten und Beschriebenen zu lernen, aber ohne dogmatische Enge. Merke!

MAGENTROST

Wilhelm Hauff
präsentiert einen Meisterkoch

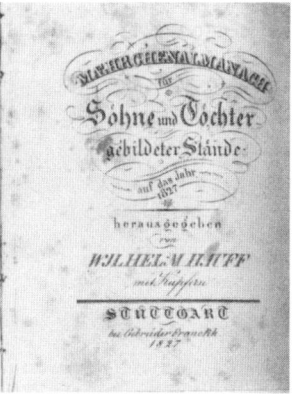

Unter den seltsamen Gewohnheiten des Fernsehpublikums ist vielleicht die merkwürdigste, dass Leute stundenlang verfolgen, wie auf dem Bildschirm delikate Speisen zubereitet werden – Speisen, die von den Moderatoren oder den Köchen selbst überschwänglich gerühmt werden und deren Exzellenz auch durch die verzückten Mienen der Gäste im Studio vermittelt wird, an denen sich aber die Zuschauer höchstens satt *sehen* können. Das reicht offensichtlich aus, um solche Sendungen zu einem Format zu machen, das man in allen Sendern verfolgen kann, und es wäre nicht verwunderlich, wenn es bald einen Kanal gäbe, in dem rund um die Uhr neue Kreationen in und aus der Küche und märchenhafte Mahlzeiten gezeigt werden.

Märchenhaft? Wer in den bekannten Märchensammlungen nach einem noblen Speiseangebot und festlich gedeckten Tafeln sucht, wird eher enttäuscht. Es gibt das Tischlein-deck-dich, das keine Wünsche offen lässt, aber das ist die Ausnahme, und es wird auch kaum ausgemalt, was auf dem Tischchen steht. *Ein silberner Teller stand da, silberne Messer und Gabeln lagen dabei, vorn ein Kristallglas mit rotem Wein gefüllt, und rund herum die schönsten Schüsseln voll Essen* – so steht es in der ursprünglichen Fassung der *Kinder- und Haus-*

märchen der Brüder Grimm. In ihrer Bearbeitung lassen sie *Schüsseln mit Gesottenem und Gebratenem* auffahren; aber eine genauere Speisekarte legen sie nicht vor, und sie lassen auch das Silber verschwinden und reden nur noch von *Messer und Gabel*. Schon das war ja zu ihrer Zeit nicht in allen bäuerlichen Haushalten selbstverständlich; im Gegensatz zum Messer fand die Gabel erst spät und zunächst überwiegend in adeligen Häusern Verbreitung.

Die zurückhaltende Schilderung – und in vielen Fällen die Nicht-Schilderung – von Speisen erklärt sich aus der Situation der Menschen, die Märchen erzählten. Sie lebten in bescheidenen Verhältnissen und oft genug in Not; das Glücksversprechen der Märchen erfüllte sich schon in der Linderung dieser Not und brauchte keine detaillierte Auflistung von Reichtümern. Es gibt dafür ein anrührendes Zeugnis aus dem Lager Theresienstadt; dort schrieb ein hungerndes junges Mädchen ein Märchen in zwei Sätzen nieder: *Es war einmal ein König und der hatte Hunger. Er ging zum Schalter und sagte: Zweimal.* Das ist der phantasierte Ausbruch aus einer Extremsituation; aber früher waren auch die normaleren Bedingungen so, dass schon die Überwindung des Hungers ein positives Signal war. Das Schicksal von Hänsel und Gretel ist im Blick auf die arme Holzhackerfamilie nicht realitätsfremd, und wo die Beiden im tiefen Wald mit einer irrealen Situation konfrontiert sind, erhalten sie *gutes Essen* wie *Milch und Pfann-*

kuchen mit Zucker, keine raffiniert ausgesuchten und zubereiteten Speisen.

Auch dort, wo ein gewisser Wohlstand herrschte, überließen sich die Märchenerzähler nicht leicht dem lockeren Phantasiespiel um üppiges Essen und maßloses Trinken, sondern stimmten die Zuhörenden – und entsprechend auch die Leserinnen und Leser – auf maßvolle Zufriedenheit ein. Die Geschichte vom *süßen Brei* endet zwar nicht mit der Katastrophe, stellt aber jedenfalls den Überfluss als gefährlich dar, und das *Schlaraffenland,* in der Sammlung der Brüder Grimm ein Land, in dem es verrückt zugeht, ist meistens mehr Warn- als Wunschgeschichte: Wer darauf wartet, dass ihm gebratene Tauben ins Maul fliegen, bringt es zu nichts. Goethe hat in diesem Sinn Brei und Schlaraffen zusammengebracht:

> *Die Welt ist nicht aus Brei und Mus geschaffen,*
> *Deswegen haltet euch nicht wie Schlaraffen ...*

Es wäre allerdings ein Irrtum, wenn man annähme, im Märchen seien edle Speisen grundsätzlich ausgeschlossen. Der Italiener Giambattista Basile beispielsweise, der im 17. Jahrhundert eine der frühesten Märchendichtungen publizierte, gefiel sich nicht nur in rauschenden Wortkaskaden, sondern auch in der bunten Ausmalung seiner Szenerien – und dazu gehörten auch ausgewählte Mahlzeiten. Der König lässt für die Schwester seiner Braut *Knoblauchtunke, Senfsoße,*

Pfefferpaste und tausend andere Gaumenkitzler auf- fahren, um den Appetit anzuregen, und als statt dessen der Wunsch nach etwas Süßem kommt, *flogen schon die Karamellen wie Flocken vom Himmel, und da ergoss sich eine Flut von Mandeltörtchen und Honiggebäck, und dann gab es einen Bergrutsch von Nougatwürfeln, und bei strahlendem Wetter regnete es Puderzucker.* Und in einer anderen Geschichte betört das Mädchen Marchetta mit einem *Göttermahl* eine Menschen- fresserin so sehr, dass diese bereit ist, der Köchin alles zu geben.

Auch in den Erzählungen des Parisers Charles Perrault und in anderen französischen Feenmärchen werden den Märchenfiguren und damit den Lesern kostbare Speisen aufgetischt. Der Verdacht drängt sich auf, dass die asketischere Fassung der Märchen teuto- nischen Skrupeln zu verdanken ist. Schließlich gehen in Deutschland die Bedeutungsfelder von *Gourmand* und *Gourmet* ineinander über; der Gastronomiepapst Siebeck urteilt zynisch, die Deutschen seien von ihrer *Plumpsküche* nicht weg gekommen; und tatsächlich zählen hier große Portionen oft mehr als feine Küche. Ganz lässt sich der Verdacht nicht entkräften; aber man sollte wohl nicht bei der Gegenüberstellung von Nationalcharakteren stehen bleiben. Die angeführten Beispiele führen in ein anderes Milieu als die in der ro- mantischen Epoche gesammelten deutschen Märchen; die italienischen und französischen Literaten bewegten sich in Adels- und Patrizierkreisen und schrieben zum Amüsement eines vornehmen und gebildeten Publikums, und vielleicht ist die Gattung des Märchens ja insgesamt dem Bereich zuzuordnen, den man etwas herablassend mit dem Etikett *gesunkenes Kulturgut* versehen hat.

Jedenfalls gibt es zumindest einen deutschen Märchendichter, der gutes Essen nicht nur pauschal benennt, sondern sich ausdrücklich auf die Zubereitung, den Geschmack und die Verfeinerung von Speisen einlässt: *Wilhelm Hauff*, der mit seinem *Zwerg Nase* einen höchst merkwürdigen Meisterkoch präsentiert. Die Voraussetzungen für seine literarische Arbeit sind andere als die der Brüder Grimm. Sie fühlen sich der Tradition verpflichtet, und sie suchen ihre poetischen Ambitionen mit ihrem wissenschaftlichen Interesse in Einklang zu bringen; sie pochen auf die *Märchentreue*, auch wenn sie die von ihnen gesammelten Geschichten bearbeiten. Jacob Grimm hat dieses Verfahren mit einem Vergleich beschrieben und verteidigt: Wenn man ein Ei ausschlage, bleibe zwar Eiweiß an der Schale kleben, aber den Dotter könne man erhalten. Hauff dagegen hatte keine Vorlagen, keinen Dotter, den er schonen musste. Er hielt sich zwar an die Grundstruktur des Märchens, die über allerlei Zwischenfälle und Prüfungen auf ein glückliches Ende zuführt, und er orientierte sich auch an einzelnen Motiven des traditionellen Märchenguts, aber er hatte die Freiheit, eigene

Geschichten auszudenken und der Phantasie ihren Lauf zu lassen.

Wilhelm Hauff brachte die Märchen in einem *Märchenalmanach* heraus, der dreimal, von 1826 bis 1828, als eine Art Jahrbuch erschien. Zum ersten steuerte er eine Vorrede bei, in der sich das personifizierte Märchen bei der *Königin Phantasie* darüber beklagt, dass ihm *kalte Blicke* begegnen und dass ihm selbst die Kinder *altklug den Rücken zu* wenden. Die Menschen hätten *kluge Wächter aufgestellt*, die alles aus dem Reich der Phantasie *mit scharfem Blicke mustern und prüfen*. Das war nun freilich eine etwas überholte Feststellung, denn längst hatten die Romantiker – auch die romantischen Märchendichter – gegen die *Plattisten* Front gemacht, die Flachheiten und Auswüchse der Aufklärung verworfen und die Leserinnen und Leser an ein freieres Spiel der Gedanken und Emotionen gewöhnt. Entsprechend freundlich war denn auch die Aufnahme der Hauffschen Erzählungen, von denen einige auch heute noch lebendig sind: die Geschichten von *Kalif Storch* und vom *kleinen Muck*, *Das Wirtshaus im Spessart* und *Das kalte Herz*, und eben die Erzählung *Der Zwerg Nase*.

Sie beginnt mit einer Alltagsszene aus einer deutschen Stadt. Ein armer Schuster ist auf den Zusatzverdienst seiner Frau angewiesen, die auf dem Markt selbst gezogenes Gemüse anbietet: *sie hatte vor sich einige Körbe mit Kohl und anderm Gemüse, allerlei*

Kräuter und Sämereien, auch in einem kleineren Körbchen frühe Birnen, Äpfel und Aprikosen. Ihr Sohn, *der kleine Jakob*, ruft die Ware aus, und *ein altes Weib* kommt auf die Gemüsehändlerin zu. Hauff schildert sie: *sie sah etwas zerrissen und zerlumpt aus, hatte ein kleines, spitziges Gesicht, vom Alter ganz eingefurcht, rote Augen und eine spitzige, gebogene Nase, die gegen das Kinn hinabstrebte; sie ging an einem langen Stock, und doch konnte man nicht sagen, wie sie ging; denn sie hinkte und rutschte und wankte.* Ohne dass dieser Name fällt, wird deutlich, dass es sich um eine Hexe handelt, jedenfalls um eine Frau, die Böses im Schilde führt. Fürs erste lebt sie ihre Bosheit ganz ohne über-sinnliche Qualitäten aus; sie betatscht die Kräuter und riecht an ihnen, nimmt die Kohlhäupter, drückt sie zu-sammen und wirft alles zurück in den Korb: *Schlechtes Zeug, schlechtes Kraut …* Die Schustersfrau, ängstlich und vorsichtig, sagt nichts, aber der kleine Jakob muckt auf: *Höre, du bist ein unverschämtes altes Weib, … erst fährst du mit deinen garstigen braunen Fingern in die schönen Kräuter hinein und drückst sie zusammen, dann hältst du sie an deine lange Nase, dass sie niemand mehr kaufen mag, wer zugesehen, und jetzt schimpfst du noch unsere Ware schlechtes Zeug, und doch kauft selbst der Koch des Herzogs alles bei uns!* Für die fremde Frau (die Händlerin hat sie noch nie auf dem Markt gesehen) ist das nur die Aufforderung, erneut den Kohl zu drücken, was wiederum Jakob zu einer direkten Beschimpfung ihrer Gestalt verführt: *Wackle nur nicht so garstig mit dem Kopf hin und her, ... dein Hals ist ja so dünne wie ein Kohlstengel, der könnte leicht abbrechen, und dann fiele dein Kopf hinein in den Korb ...*

Diese Eingangsszene übersteigt noch nicht die Realität; aber das Aussehen der Alten öffnet schon die Tür zur Märchenwirklichkeit, und die mutige Äußerung des Kindes lässt als Entgegnung eine Strafe erwarten, wie sie nicht in den Gesetzbüchern steht. Tatsächlich kündigt die alte Frau dem Jungen nicht nur an, dass er auch eine Nase haben solle *mitten im Gesicht bis übers Kinn herab*, sondern auch, dass er gar keinen Hals haben solle und dass sein Kopf *in den Schultern stecken* muss. Sie kauft sechs Kohlhäupter, verlangt aber, dass der kleine Jakob diese zu ihr nach Hause bringt. Der folgt widerwillig und traurig und kommt mit der Alten in ein Zauberhaus voller Überraschungen:

Das Innere des Hauses war prachtvoll ausgeschmückt, von Marmor waren die Decke und die Wände, die Gerätschaften vom schönsten Ebenholz, mit Gold und geschliffenen Steinen eingelegt, der Boden aber war von Glas und so glatt, dass der Kleine einige Mal ausgleitete und umfiel. Die Alte aber zog ein silbernes Pfeifchen aus der Tasche und pfiff eine Weise darauf, die gellend durch das Haus tönte. Da kamen sogleich einige Meerschweinchen die Treppe herab; dem Jakob wollte es aber ganz sonderbar dünken, dass sie aufrecht auf zwei Beinen gingen, Nussschalen statt Schuhen an den Pfoten trugen, menschliche Kleider an- gelegt und sogar Hüte nach der neuesten Mode auf die Köpfe gesetzt hatten. »Wo habt ihr meine Pantoffel, schlechtes Gesindel?« rief die Alte und schlug mit dem Stock nach ihnen, dass sie jammernd in die Höhe spran- gen; »wie lange soll ich noch so dastehen?« Sie sprangen schnell die Treppe hinauf und kamen wieder mit ein paar Schalen von Kokosnuss, mit Leder gefüttert, wel- che sie der Alten geschickt an die Füße steckten.

Das hört und sieht sich noch ganz putzig an; aber dann stellt sich heraus, dass der Kleine keine Kohl- köpfe, sondern Menschenköpfe getragen hat; er ist *vor Schrecken außer sich*, aber er schweigt, weil er an seine Mutter denkt, deren Geschäft am Ende wäre, wenn irgend jemand von den Menschenköpfen erführe. Die Alte verspricht dem Kind einen *Lohn* für seinen Boten- dienst; aber die folgenden Worte machen klar, dass dies ironisch gemeint ist: *gedulde dich nur ein Weilchen, will dir ein Süppchen einbrocken, an das du dein Leben lang denken wirst.* Sie pfeift wieder, und Jakob befindet sich vollends in einer phantastischen Welt:

Da kamen zuerst viele Meerschweinchen in mensch- lichen Kleidern; sie hatten Küchenschürzen umgebun- den und im Gürtel Rührlöffel und Tranchiermesser; nach diesen kam eine Menge Eichhörnchen hereinge- hüpft; sie hatten weite türkische Beinkleider an, gingen aufrecht, und auf dem Kopf trugen sie grüne Mützchen

*von Samt. Diese schienen die Küchenjungen zu sein,
denn sie kletterten mit großer Geschwindigkeit an den
Wänden hinauf und brachten Pfannen und Schüsseln,
Eier und Butter, Kräuter und Mehl herab und trugen es
auf den Herd; dort aber fuhr die alte Frau auf ihren
Pantoffeln von Kokosschalen beständig hin und her,
und der Kleine sah, dass sie es sich recht angelegen sein
lasse, ihm etwas Gutes zu kochen. Jetzt knisterte das
Feuer höher empor, jetzt rauchte und sott es in der
Pfanne, ein angenehmer Geruch verbreitete sich im
Zimmer; die Alte aber rannte auf und ab, die Eichhörn-
chen und Meerschweinchen ihr nach, und so oft sie am
Herde vorbeikam, guckte sie mit ihrer langen Nase
in den Topf. Endlich fing es an zu sprudeln und zu
zischen, Dampf stieg aus dem Topf hervor, und der
Schaum floss herab ins Feuer. Da nahm sie ihn weg, goss
davon in eine silberne Schale und setzte sie dem kleinen
Jakob vor.*

Die Alte kündigt in Worten, die der Kleine nicht
recht versteht, die Wirkung an: *iss nur dieses Süppchen,
dann hast du alles, was dir an mir so gefallen!* – und sie
stellt ihm auch in Aussicht, dass er *ein geschickter Koch*
werde. Es ist eine festliche Mahlzeit. *Der Duft von feinen Kräutern und Gewürzen stieg aus der Suppe auf,
dabei war sie süß und säuerlich zugleich und sehr stark;*
und die Meerschweinchen zünden *arabischen Weih-
rauch* an, der den Kleinen schließlich betäubt. *Sonder-
bare Träume kamen über ihn;* aber was er zu träumen

glaubt, geschieht wirklich mit ihm – *wirklich* nach dem Maßstab des Märchens. Er wird in ein Eichhörnchen verwandelt und tritt in die Dienste der alten Frau, zuerst als Schuhputzer, dann musste er *Sonnenstäubchen fangen*, aus denen Brot für die zahnlose Alte bereitet wurde; der nächste Job bestand in der Aufgabe, mit Haselnussschalen Tau aus den Rosen zu schöpfen als Trinkwasser; darauf folgte als Innendienst die Säuberung der Glasböden. Dann, es war schon im vierten Jahr, *ward er endlich zur Küche versetzt,* wo er vom Küchenjungen aufsteigt *zum ersten Pastetenmacher* und *die schwierigsten Sachen* meistert: *Pasteten von zweihunderterlei Essenzen, Kräutersuppen, von allen Kräutlein der Erde zusammengesetzt, alles lernte er, alles verstand er schnell und kräftig zu machen.*

Eines Tages sucht er bei der Zubereitung einer Hühnersuppe Kräuter zusammen und findet *ein Kräutlein von ganz besonderer Gestalt und Farbe,* das den gleichen Geruch ausströmt wie das geheimnisvolle Süppchen der Alten. Der Geruch ist so stark, dass er niesen muss und schließlich niesend erwacht. Er findet sich auf dem Sofa der alten Frau, auf dem er eingeschlafen war, rafft sich auf, registriert gewisse Schwierigkeiten, als er *den Kopf nicht recht hin und her bewegen* kann und als er mit seiner Nase immer wieder irgendwo anstößt – aber er glaubt nur geträumt zu haben und macht sich schnell auf den Weg zu seiner Mutter. Unterwegs hört er die Leute rufen: *Ei, sehet den hässlichen Zwerg!*

und muss seine Neugier bezähmen, denn er hat Riesen, Zwerge und überhaupt absonderliche Gestalten immer gern gesehen. Der Gedanke, dass er selbst der hässliche Zwerg ist, liegt ihm fern und gewinnt auch dann noch keine klare Kontur, als die Mutter ihn abweist und dabei mit den Beschimpfungen durch andere Marktweiber unterstützt wird. Der Vater in seiner Werkstatt spricht ihn zunächst höflich als *kleiner Herr* an, erzählt ihm, dass sein Sohn vor sieben Jahren mit einer alten Frau – *es könne wohl die Fee Kräuterweis gewesen sein* – verschwunden sei, erkennt ihn aber nicht und macht ihm den vielleicht gut gemeinten, aber zynisch wirkenden Vorschlag, für seine lange Nase ein Futteral *von rosenfarbigem Glanzleder* zu machen. Das zwingt den Kleinen vollends zur schmerzlichen Selbsterkenntnis. Er bittet den benachbarten Barbier, in den Spiegel schauen zu dürfen, und der begleitet die Erlaubnis mit einem ironischen Kompliment: *Ihr seid ein hübsches Bürschchen, schlank und fein, ein Hälschen wie ein Schwan, Händchen wie eine Königin, und ein Stumpfnäschen, man kann es nicht schöner sehen.* Der Blick in den Spiegel macht Jakob endgültig deutlich, was mit ihm passiert ist: *Seine Augen waren klein geworden, wie die der Schweine, seine Nase war ungeheuer und hing über Mund und Kinn herunter, der Hals schien gänzlich weggenommen worden zu sein; denn sein Kopf stak tief in den Schultern, und nur mit den größten Schmerzen konnte er ihn bewegen.* Er ist zwar gewachsen seit seinem zwölften Lebensjahr, aber nur in die Breite: er war *zum missgestalteten Zwerg* geworden. Dass seine Eltern ihn abgewiesen hatten, verstand er nun – übrigens im Gegensatz zu einigen Märcheninterpreten, die Hauff unterstellen, er habe vor allem deren Herzlosigkeit anprangern wollen.

Richtig ist allerdings, dass die Eltern auch den zweiten Annäherungsversuch nicht akzeptieren; sie können den Bericht Jakobs nicht glauben, und der Vater prügelt ihn aus seiner Werkstatt. Jakob ist allein auf sich gestellt. Er fühlt, dass die Alte zwar seinen Körper verändern, aber *seinem Geist nichts anhaben* konnte; das Ansinnen des Frisörs, vor dessen Geschäft die Leute anzulocken, lehnt er ab und wagt den Weg zum Herzog – der *war ein bekannter Schlemmer und Lecker, der eine gute Tafel liebte und feine Köche in allen Weltteilen aufsuchte.* Im Palast wird der Zwerg von den Bediensteten verspottet, schließlich aber doch zum *Oberküchenmeister* geführt, der ihn erst auslacht – *Meinst du, unsere Herde seien so niedrig, dass du nur auf einen hinaufschauen kannst, wenn du dich auch auf die Zehen stellst und den Kopf recht aus den Schultern herausarbeitest?* –, dann aber *um des Spaßes willen* doch den Versuch macht, Jakob einzustellen. Der Herr hat zum Frühstück *die dänische Suppe geruht zu befehlen und rote Hamburger Klößchen.* Der Küchenchef gibt den Wunsch weiter an den Zwerg, überzeugt, dass dieser das geheime Rezept nicht kennt. Der aber *hatte diese Speisen als Eichhörnchen oft gemacht*; er fordert laut die Zutaten zur Suppe und fügt dann leiser hinzu: *zu den Klößchen brauche ich viererlei Fleisch, etwas Wein, Entenschmalz, Ingwer und ein gewisses Kraut, das man Magentrost heißt.* Das bringt den Frühstückskoch zu dem Ausruf: *Ha! Bei St. Benedikt! Bei welchem Zauberer hast du gelernt?* und er muss zugeben, dass er vom Kräutlein Magentrost selbst nichts wusste. Der Oberküchenmeister lässt mit zusammengesetzten Stühlen einen Zugang zum Herd für den Kleinen schaffen, der bereitet alles zu, setzt die Töpfe aufs Feuer, zählt bis 500, dann werden die Töpfe abgesetzt, und Jakob lädt *den Küchenmeister ein, zu kosten.*

Der Mundkoch ließ sich von einem Küchenjungen einen goldenen Löffel reichen, spülte ihn im Bach (der floss mitten durch die Küche und diente auch als *Fischbehälter) und überreichte ihn dem Oberküchenmeister. Dieser trat mit feierlicher Miene an den Herd, nahm von den Speisen, kostete, drückte die Augen zu, schnalzte vor Vergnügen mit der Zunge und sprach dann: Köstlich, bei des Herzogs Leben, köstlich!* Das Frühstück wird dem Herzog gebracht, der alles aufisst und nach dem Koch fragt. Der Zwerg wird zum Herzog geführt, der ihm den Namen *Nase* zuteilt und ihn zum *Unterküchenmeister* ernennt. Er macht seine Sache so gut, dass der Herzog, der früher oft *die Schüsseln und Platten, die man ihm auftrug,* zornig den Köchen an den Kopf warf, wie umgewandelt war. *Der Herr aß jetzt statt dreimal des Tages fünfmal, um sich an der Kunst seines kleinen Dieners recht zu laben, und dennoch verzog er nie eine Miene zum Unmut. Nein, er fand alles neu, trefflich, war leutselig und angenehm und wurde von Tag zu Tag fetter.* Der Ruhm des neuen Kochs bleibt nicht auf den Hof beschränkt: *Der Zwerg war das Wunder der Stadt.* Die Vornehmen durften ihn kochen sehen und ihre Diener zum Unterricht zu ihm schicken.

Er hatte seine Eltern nicht vergessen; der Gedanke an sie betrübte ihn – aber er war jetzt in einer anderen Stadt. Er ließ es sich nicht nehmen, *immer selbst auf den Markt* zu gehen, *um Geflügel und Früchte einzukaufen* – und erneut erlebt er ein kleines Wunder: Eine von drei Gänsen, die er im Käfig vom Markt trägt, schnattert nicht wie die andern; er hält sie für *halb krank* und will sie schnell zurichten; aber sie fängt an zu sprechen, verrät ihren Namen *Mimi* (womit Hauff wahrscheinlich auf den kitschig-sentimentalen Erfolgsroman »*Mimili*« anspielte) und berichtet, dass sie die von einer Fee verwünschte Tochter eines Zauberers auf der Insel Gotland ist. Sie kennt sich aus mit Kräutern und stellt ihm in Aussicht, dass er rückverwandelt werden könne, wenn er die Pflanze finde, mit der das verhängnisvolle Süppchen gewürzt war. Aber zunächst spitzt sich die Situation wieder zu, und es wird eng für Zwerg Nase.

Der Herzog erwartet den Besuch eines befreundeten

Fürsten aus der Nachbarschaft, und er fordert von seinem kleinen Koch die äußerste Anstrengung: *Und wenn du Gold und Diamanten in Schmalz backen musst, so tu es! Ich will lieber ein armer Mann werden, als erröten vor ihm.* Zwerg Nase nimmt den Auftrag ernst; *man sah ihn den ganzen Tag in eine Wolke von Rauch und Feuer eingehüllt, und seine Stimme hallte beständig durch das Gewölbe der Küche.* Das Ergebnis seiner Kochkünste bleibt Wilhelm Hauff schuldig und verweist eben dadurch auf den Reichtum und die Vielfalt der Speisen, deren Schilderung einfach zu aufwändig wäre: *Ich könnte es machen wie die Kameltreiber von Aleppo, wenn sie in ihren Geschichten, die sie den Reisenden erzählen, die Menschen herrlich speisen lassen. Sie führen eine ganze Stunde lang alle die Gerichte an, die aufgetragen worden sind, und erwecken dadurch große Sehnsucht und noch größeren Hunger in ihren Zuhörern, so dass diese unwillkürlich die Vorräte öffnen und eine Mahlzeit halten und den Kameltreibern reichlich mitteilen.* Aber Hauff ist kein Kameltreiber – *doch ich nicht also,* fügt er an und konzentriert sich auf wenige besondere Speisewünsche des Gastes, die den Zwerg in Schwierigkeiten bringen.

Der Fürst lobt die Qualität und die Variationsfreude seines Angebots, vermisst aber *die Königin der Speisen, die Pastete Souzeraine.* Zwerg Nase redet sich heraus, dass er diese für das Abschiedsessen des Fürsten aufgespart habe – tatsächlich aber wusste er nicht, *wie er die*

Pastete machen sollte. Aber die Gans Mimi, mit der er sich über all seine Nöte unterhält, weiß ungefähr das Rezept und vertraut darauf, dass die Herren *keinen so feinen Geschmack haben*, irgendwelche fehlenden Substanzen zu bemerken. Doch das erweist sich als Irrtum; der Herzog schaut zwar überwältigt zur Decke, nachdem er den ersten Biss getan hat, aber der Fürst bemerkt lakonisch, die Pastete sei *recht artig gemacht – aber die Souzeraine ist es denn doch nicht ganz.* Das wirft seinen Gastgeber, den Herzog, zurück in seine jähzornige Pose; er droht dem Zwerg den Tod an, und weil dieser ängstlich nachfragt, was denn in der Pastete fehlt, belehrt ihn der fremde Fürst, es fehle *ein Kräutlein, das man hier gar nicht kennt, das Kraut Niesmitlust,* ohne das *die Pastete ohne Würze* bleibe. Wieder muss Mimi den Zwerg trösten: sie kenne alle Kräuter, auch das Kraut Niesmitlust, und es sei gerade Neumond, da komme es zur Blüte.

Zwerg Nase hat Hausarrest, aber den Zugang zum Garten erlaubt ihm der Türhüter. Er trägt die Gans mit sich, und als er sie absetzt, strebt sie dem See zu, wo sie unter einem alten Baum stehen bleibt, mit den Flügeln schlägt, etwas abpflückt und mit dem Schnabel überreicht: *Das ist das Kräutlein, und hier wächst eine Menge davon, so dass es dir nie daran fehlen kann.* Zwerg Nase riecht daran; der Geruch und die Farben erinnern ihn: *ich glaube, es ist dasselbe Kraut, das mich aus einem Eichhörnchen in diese schändliche Gestalt umwandelte.* Gemeinsam gehen sie zurück, schnüren seine Habseligkeiten und Ersparnisse zusammen – dann steckt der Zwerg seine Nase in die Kräuter und zieht den Duft ein. *Da zog und knackte es in all seinen Gliedern, er fühlte, wie sich sein Kopf aus den Schultern hob, er schielte herab auf seine Nase und sah sie kleiner und kleiner werden, sein Rücken und seine Brust fingen an, sich zu ebnen, und seine Beine wurden länger.* Die Gans bewundert den schönen jungen Mann, den es drängt, zu seinen Eltern zu eilen; aber vorher bringt er Mimi zu ihrem Vater, der sie *entzaubert.* Jakob verlässt Gotland, mit Geschenken beladen, die seinen Eltern den Kauf eines Ladens ermöglichen. Die abenteuerliche Verwandlungsreise findet ein glückliches Ende für alle.

Zuerst nur für *fast* alle: Im Palast des Herzogs entsteht große Unruhe, als man die Flucht bemerkt; und der fremde Fürst beschuldigt den Herrn des benachbarten Territoriums, er habe den Zwerg *heimlich entkommen lassen, um sich nicht seines besten Kochs zu berauben.* Die Folge: *ein großer Krieg zwischen beiden Fürsten, der in der Geschichte unter dem Namen »Kräuterkrieg« wohlbekannt ist; es wurde manche Schlacht geschlagen, aber am Ende doch Friede gemacht, und diesen Frieden nennt man bei uns den »Pastetenfrieden«, weil beim Versöhnungsfest durch den Koch des Fürsten die Souzeraine, die Königin der Pasteten, zubereitet wurde, welche sich der Herr Herzog trefflich schmecken ließ.*

Man kann die Erzählung von Hauff einfach als heitere Glücksgeschichte genießen, in der Unglücksfälle, Beeinträchtigungen und Beschwerlichkeiten dazu dienen, im Kontrast das endlich erreichte Glück hell strahlen zu lassen. Das ist gewiss kein falscher Umgang mit einem Märchen. Aber man kann natürlich auch fragen nach dem tieferen Sinn der erzählten Episoden, und die Märchenforschung ist eine ehrgeizige Wissenschaft: Es gibt eine *Enzyklopädie des Märchens*, die in etwas mehr als 30 Jahren auf fast 9000 Seiten angewachsen ist, obwohl die letzten Buchstaben des Alphabets noch gar nicht bearbeitet sind. Da ist es nicht verwunderlich, dass auch Hauffs Märchenuniversum abgeklopft wurde nach archaischen magischen Relikten und nach der hintergründigen Bedeutung seiner Geschichten. Verwandlungen von Menschen in Tiere, aber auch Tiere, die menschliche Fähigkeiten aufweisen, gehören ja doch zum Grundbestand vorzeitlicher Glaubensvorstellungen. Der Dichter zielte jedoch sicher nicht darauf, solche Vorstellungen zu konservieren – das wird schon aus der Wahl der in die Märchenhandlung eingeführten Tiere deutlich. Gänse tauchen auch in anderen Märchen auf, wenn auch kaum solche, die unter Tränen ihre Dankbarkeit ausdrücken wie die Gans Mimi; aber die Meerschweinchen und Eichhörnchen sind eine eigenartige und eigenwillige Erfindung, mit der Hauff den spielerischen Charakter seiner Erzählung betont.

Der kann verbogen oder verfehlt werden, wenn man

versucht, aus dem farbigen Märchengeschehen eine handfeste Botschaft zu destillieren. Die Interpretation bleibt dann leicht an Jakobs aus der Situation heraus verständlichem, aber doch herzlosem Spott über das Aussehen der Alten hängen; fehlendes Mitgefühl, das ja auch in der Reaktion der Eltern auf den Zwerg zum Ausdruck kommt, gerät dann zum scheinbaren Leitmotiv, und aus dem schwerelosen Phantasiegebilde wird eine gewichtige moralische Geschichte. Sie lässt sich auch auf die gesellschaftlich-politische Ebene versetzen: Erbarmungsloser Handelsgeist beherrscht in diesen frühkapitalistischen Zeiten die Menschen, denen aber strahlender Reichtum trotzdem versagt bleibt – das Märchen endet, wenn man von Kräuterkrieg und Pastetenfrieden absieht, in einer relativ bescheidenen Verbesserung der Ausgangssituation, im Kauf eines Ladens.

Gewiss stecken auch solche Bezüge in der Geschichte. Dass sich Hauff mit den Veränderungen der ökonomischen und sozialen Lage befasste, wird vor allem aus der Erzählung *Das kalte Herz* deutlich, in dem ein weiser alter Mann gegen Ende resümiert: *Es ist doch besser, zufrieden zu sein mit wenigem, als Gold und Güter haben und ein kaltes Herz.* Und was die Aufklärer an Erziehungsgedanken in ihre – in der Realität angesiedelten – moralischen Geschichten verpackten, blieb der Märchendichtung nicht fremd. Aber man wird ihr nicht gerecht, wenn man ihre kaleidoskopischen Phantasiespiele auf einen einfachen morali-schen Generalnenner herunterbügelt. Es gibt schließ-lich die Eichhörnchen und die Meerschweinchen, die in derartigen Interpretationen kaum einen richtigen Platz finden, und es gibt in der Geschichte von Zwerg Nase die Entfaltung von Kochkünsten, die sich ebenfalls nicht in ein Erklärungsschema pressen lässt.

Sie ist es, die auf Leser oder Zuhörer einen beson-deren Reiz ausübt. Die Speisen und Gewürze, die ausdrücklich genannt werden, provozieren Identifika-tionsversuche. Das *Kräutlein Niesmitlust* verrät sich als eigenwillige Erfindung von Hauff; und für den *Magen-trost* gibt es zwar viele reale Möglichkeiten, aber sie beziehen sich auf Getränke, oft auf solche, mit denen ein Kater bekämpft werden kann. Magentrost-Tee aus Fenchel, Anis und Pfefferminz; Magentrost-Cocktail, Wurzelsepp-Magentrost-Likör, Pfarrer Kneipp's Magen-trost (der in der moderneren Verkaufspalette fehlt) – man tut wohl gut daran, dem Gewürzkraut Magentrost sein eigenes Recht zu belassen. Als *Dänische Suppe* lässt sich vielleicht eine Fischsuppe definieren, und *Ham-burger Klöße* gibt es in mancherlei Varianten. Man hat auch politische Anspielungen in diesen Bezeichnungen sehen wollen – und gewiss hatten die Dänen nach dem Bombardement Kopenhagens und dem Verlust von Helgoland und Norwegen eine böse Suppe auszulöf-feln, und der Handelsstadt Hamburg bescherte die Kontinentalsperre schwer verdauliche Klöße. Aber es gibt eigentlich keinen Grund, hier um die Ecke zu denken; vermutlich hat Wilhelm Hauff einfach Gerichte genannt, die er kannte, die aber zumal in seiner süddeutschen Heimat einigermaßen exotisch wirkten.

Die Pastete *Souzeraine* hat ebenfalls Vermutungen ausgelöst; sie konzentrieren sich auf die Etymologie des Wortes. Im Internet finden sich, nicht von Literatur- oder Sprachwissenschaftlern, sondern von Liebhabern des Märchens, ein paar Dutzend Bemerkungen dazu, von denen aber keine zu einer plausiblen Erklärung führt – auch die nicht, in der sich ein Beiträger stolz einen Lesefehler zunutze macht: *Suzeränität* bedeute französisch *Oberherrlichkeit*, kann man in seiner Notiz lesen. Souveräner bleibt wohl die Deutung, dass es sich um eine spielerische Worterfindung handelt für eine Speise, die es nur im Märchen gibt.

Doch nicht nur die im Märchen erwähnten Speisen und Rezepte verdienen Interesse, sondern auch die Tatsache, dass Wilhelm Hauff Küche und Kochkunst so entschieden ins Zentrum seiner Erzählung gerückt hat. Es gab zur Zeit der Niederschrift seiner Märchen zwei ziemlich gegensätzliche Motive für die besondere Aufmerksamkeit auf diesen Bereich. In vielen deutschen Regionen hatten die Menschen unter den Kriegszügen der napoleonischen Zeit gelitten, und als endlich Frieden war, gab es Missernten und schreckliche Hungerjahre. Die Notzeiten führten dazu, dass die Ernährung in der Folge als volkswirtschaftliches und gesundheitliches Problem ernst genommen wurde; staatliche Behörden und wissenschaftliche Instanzen griffen ein in den Kreislauf landwirtschaftlicher Produktion und sinnvoller Verwertung der Lebensmittel. Andererseits handelte es sich aber auch um die Phase, in der eine verfeinerte Küche, wie sie bisher fast nur in aristokratischen Kreisen kultiviert wurde, in die wohlhabenden Bürgerhäuser Eingang fand.

Beide Tendenzen lassen sich in Veröffentlichungen nachweisen, die zur Zeit Hauffs erschienen. 1822 kam »*Geist der Kochkunst von Joseph König*« auf den Markt. Der Name des angeblichen Verfassers war nicht frei erfunden; aber es handelte sich um den Koch des Mannes, der das Buch tatsächlich geschrieben hatte: der Kunsthistoriker *Karl Friedrich von Rumohr*, der sich dann zur zweiten Auflage bekannte. Es ist eine knappe, klar formulierte gastrosophische Studie, in der die Überlegenheit der italienischen Küche betont, aber auch der Wert der deutschen *Provinzialgerichte* herausgestellt wird. Die Adressaten gehörten gewiss vor allem zum gehobenen Bürgerstand; aber Rumohr dachte auch an die ärmeren Schichten. Die *vergeudende Gefräßigkeit oder gefräßige Vergeudung*, der andere Kochbücher zuarbeiteten, verwarf er; *Zierde und Zurichtung* sollten nicht übertrieben werden, vielmehr ging es ihm darum, die *Nahrhaftigkeit* der *Grundstoffe* beim Kochen zu bewahren. Wenige Jahre später, 1826, erschien in Frankreich »*La Physiologie du Goût*«

(Die Physiologie des Geschmacks) aus der Feder des Richters und Philosophen *Jean Anthèlme Brillat-Savarin.* Ihm ging es mehr um die Feinheiten der Tafel und die Zubereitung exquisiter Speisen als um elementare Fragen der Ernährung und der Küche, und es ist kein Zufall, dass eine Reihe besonders kostbarer Speisen noch heute nach ihm benannt wird.

Wilhelm Hauff, der mit dem literarischen Markt seiner Zeit in all seinen Sparten vertraut war, kannte gewiss das Buch von Rumohr; aber da er 1826 durch Frankreich reiste und mehrere Wochen in Paris verbrachte, mag er auch auf die Darstellung Brillat-Savarins gestoßen sein. Jedenfalls bewegte er sich in der durch die beiden Schriftsteller markierten geistigen Landschaft, als er die Geschichte von Zwerg Nase ausdachte. Ein Märchen – aber auch ein Beitrag zum respektvollen Umgang mit den nur scheinbar banalen Fragen der Ernährung und mit deren Repräsentanten, den Köchen. Hauff wusste, dass sie nicht nur für das leibliche Wohl sorgten, sondern auch für das seelische Gleichgewicht – dass *Magentrost* nicht nur ein praktisches Würzmittel ist, sondern dass es auch eine Art virtuellen Magentrost gibt, Ausgleich und Besänftigung durch gutes und vernünftiges Essen. *Zwerg Nase* hat nicht nur in der Literaturgeschichte seinen Platz, sondern auch in der Geschichte der Esskultur.

Den zweiten Band des Märchenalmanachs, in dem die Erzählung erschien, hatte Hauff für das Jahr 1827 zusammengestellt. Es war das Todesjahr des noch nicht einmal ganz 25-Jährigen, der in wenigen Jahren eine unglaubliche Vielfalt von literarischen Publikationen produziert hatte – Gedichte, Erzählungen, Romane, Parodien, Essays. Schon zu seinen Lebzeiten fanden seine Schriften ein großes Publikum, sodass es ihm möglich war, auf eine feste Anstellung zu verzichten und mit Hilfe der Tantiemen einen Hausstand zu gründen – freilich nicht ohne Risiko: Eine Woche vor der Geburt seiner Tochter und zwei Wochen vor seinem Tod bat er einen Freund, schnell den neuen Märchenalmanach zu rezensieren, damit er gekauft werde – er sei gewissermaßen sein Dach: *Er muss meine Wohnung decken ...*

Manche seiner Schriften wurden bald vergessen; andere blieben lebendig. Dazu gehören einzelne Märchen und gehört auch »*Lichtenstein*«, der historische Roman, mit dem Hauff die von *Walter Scott* begründete Gattung in Deutschland populär machte. Mit diesem Roman hat Hauff übrigens auf Umwegen ganz konkret zu Modalitäten der Esskultur beigetragen: Das Schloss Lichtenstein wurde nach dem literarischen Vorbild gebaut, und die Touristen, die dort hinauf fahren, kehren entweder droben im Alten Forsthaus ein oder unten im Tal, wo eine Forellenzucht eingerichtet wurde und wo man in der Küche der Gasthäuser dem genialen Zwerg in der Kochkunst nacheifert.

GESPRÄCH UND SELBSTGESPRÄCH

Eduard Mörike
schreibt an Freunde

Wenn sich Literaturwissenschaftler mit Dichterbriefen beschäftigen, sind sie meist auf der Suche nach Äußerungen zu den Werken; sie hoffen auf authentische Kommentierungen oder doch auf Hinweise zu den Dominanten der spezifischen Mentalität, die einem einzelnen Werk oder auch der Gesamtheit eines dichterischen Werks zugrunde lag. Dieses Ziel verfolge ich nicht oder höchstens sehr mittelbar, ich nehme die Briefe nicht als Vehikel zur Werkinterpretation, sondern als eigene Größe. An dieser Akzentsetzung ist Mörike allerdings nicht ganz unschuldig: Dass er in seinen Briefen Einblicke gibt in die detaillierte Auseinandersetzung mit einem literarischen Stoff oder in Strukturüberlegungen zu literarischen Projekten, ist nicht die Regel, sondern die große Ausnahme.

Mörike unterscheidet sich darin von vielen anderen Dichtern. Man darf nur an den Briefwechsel zwischen Goethe und Schiller denken, den Mörike kannte und den er *in seiner Art ein Buch aller Bücher* nannte. Dieser Briefwechsel erschließt die Gegensätzlichkeit der inneren Anschauungen und der literarischen Produktion der beiden und bringt sie in einen fruchtbaren Dialog; und die Veröffentlichung der Briefe (obwohl sie erst spät, wenige Jahre vor Goethes Tod, erfolgte) lag von Anfang an im Horizont des Möglichen: Goethe hatte schon aus den Briefen an Frau von Stein seine »*Italienische Reise*« geformt, die manchmal als Briefroman bezeichnet wird, und mit dem Komponisten Carl Friedrich Zelter verhandelte er darüber, wie nach beider Tod die Tantiemen für ihren dann zu publizierenden Briefwechsel unter den Erben aufzuteilen seien. Für Goethe waren Briefe nicht immer, aber oft eine Form literarischer Äußerung – für Mörike waren sie es im Prinzip nicht.

Goethe zählte Briefe *unter die wichtigsten Denkmäler, die der einzelne Mensch hinterlassen kann.* So steht es in seiner Winckelmann-Studie, und er fährt fort: *Lebhafte Personen stellen sich schon bei ihren Selbstgesprächen manchmal einen abwesenden Freund als gegenwärtig vor, dem sie ihre innersten Gesinnungen mitteilen; und so ist auch der Brief eine Art von Selbstgespräch.* Das Selbstgespräch als Aufschluss des Innersten erscheint so an den Denkmalcharakter der Briefe und damit an unbegrenzte Publizität gebunden – das ist eine anspruchsvolle Paradoxie, wie sie Mörike kaum gewagt hätte.

Natürlich trifft die Charakteristik als *Selbstgespräch* auch für seine Briefe zu. Aber die Bedeutung ist dann banaler und einfacher. Es gibt in den Briefen Passagen einer – meist ängstlichen – Selbstbeobachtung, es gibt die oft mit Unsicherheiten behaftete Ausbreitung eigener Gefühle; und wenn Mörike in seiner Korrespondenz immer wieder eingeht auf Nöte der eigenen

Existenz, dann beschränkt er sich nicht auf Schwierigkeiten und Widrigkeiten des äußeren Daseins, sondern bezieht sich auch auf die inneren Probleme. Aber im Vordergrund steht fast immer die Schilderung der kleinen Welt, in der er sich gerade bewegte oder in die er eingeschlossen war. Der *kleinen* Welt – im Unterschied zum kaum begrenzbaren Milieu des großen Olympiers.

Mörike zielte nicht auf eine Publikation seiner Briefe; wahrscheinlich ist gerade das *ein* Hauptgrund dafür, dass seine Briefe den Glanz des Augenblicks, die Lebendigkeit der jeweiligen Situation vermitteln; und in dieser Situation war der Adressat oder die Adressatin kaum je die beliebige Auffangstelle für eine fällige Entäußerung des Schreibers, sondern prinzipiell ein in die Äußerung einbezogener Partner. Anders gesagt: Das Selbstgespräch war Teil eines *Gesprächs.*

Ein Jahrhundert vor Mörike hatte Gellert (der zu Unrecht – vielleicht auch wegen seiner Vornamen *Christian Fürchtegott* – nur als moralisierender Fabeldichter in Erinnerung geblieben ist) den Brief aus dem amtlichen Gepräge und formalen Korsett gelöst und darin eine *Nachahmung des Gesprächs* empfohlen. Allerdings stand in Gellerts Vorstellung sicher auch *Gespräch* im Bann formaler Vorgaben, und es bedurfte erst der Subjektivierungsschübe der folgenden Jahrzehnte, um dem Briefgespräch mehr Freiheit und Spontaneität zu geben. Ich sollte wohl einflechten, dass daran auch Goethe einen wichtigen Anteil hatte; bei Kontrastierungen, wie ich sie zwischen Goethe und Mörike vorgenommen habe, ist man ja immer versucht, dem einen Exponenten die Krätze anzudichten, um ihn jucken zu können (wie sich Lessing einmal ausgedrückt hat).

Aber es scheint mir legitim, einen graduellen Unterschied festzuhalten: Mörikes Briefe waren persönlicher, und zwar nicht unbedingt im Blick auf die eigene Person, sondern vor allem im Blick auf die Empfänger seiner Botschaften. In biographischen Skizzen wird Mörike manchmal als Hypochonder dargestellt, dessen Gedanken um wirkliche und eingebildete Krankheiten kreisten und dessen Egozentrik man nur verzeiht, weil man sie in geheimer Verbindung mit der poetischen Exzellenz sieht. Tatsächlich aber hatte Mörike bei aller sensiblen und tatsächlich ans Hypochondrische grenzenden Selbstbeobachtung eine große Scheu, von sich selbst zu reden. Er tut es dann, wenn er sich missverstanden sieht, wenn er sich zur Wehr setzt gegen Unterstellungen, die ihn in die Nähe zu Simulanten rücken. Und er spricht dann von sich, wenn er der freundschaftlichen Gesinnung seines Briefpartners sicher sein kann. Aber auch dann tut er es entschuldigend: Er mache *vom Recht der Patienten, dem Doktor gegenüber zuerst von sich selber zu reden, Gebrauch*, schreibt er einem Freund, dem er dann lebhaft nicht nur seine rheumatischen Schmerzen, sondern auch das

Cleversulzbacher Haus als *eine Eisgrube Sommers und Winters* schildert. Voraussetzung ist die Nähe der angesprochenen Person; *irgend eine mir nur einigermaßen fremde Person*, die sich ihm nähere, so steht es in einem frühen Brief an Wilhelm Waiblinger, versetze ihn *in das entsetzlichste bangste Unbehagen* und ängstige ihn. Auch für die Briefe gilt: Nur die Kreditlinie der Freundschaft erlaubt riskantere Investitionen ganz persönlicher Gedanken und Gefühle.

Mörike war – auf diesen Nenner lässt sich ein Großteil seiner Briefaktivitäten bringen – ein Genie der Freundschaft. Ich weiß, dass auch das kein geschützter Begriff ist; er ist immer wieder einmal in Anspruch genommen worden. Aber mir scheint, er begleite Mörike durch die verschiedensten Epochen seines Lebens und bezeichne so eine zentrale Kontinuität. Freundschaft ist sicher auch ein Moment des Epochenstils, entstanden in den hitzigen Wellen der Sturm-und-Drang-Zeit, fortgesetzt und erneuert in der Romantik, und in ruhigere Bahnen gelenkt im bürgerlichen Biedermeier; aber doch selten so zentral und so persistent, so ausdauernd wie bei Mörike.

Wollte man – was in diesem Rahmen nicht möglich ist – eine Entwicklungsgeschichte von Mörikes Freundschaft präsentieren, so müsste man jedenfalls die frühe Internatsphase herausstellen, in der sich Freundschaften schwärmerisch herausbilden und teilweise verfestigen – die Zeit also, die in Mörikes an *Musen-atque*

Busenfreunde gerichteten brieflichen Erinnerungen nicht frei bleibt von homoerotischen Assoziationen, manchmal schwülstig und manchmal im niedlichen Hanni-und-Nanni-Stil – ein Vergleich, den seriöse Mörike-Liebhaber vermutlich nur deshalb nicht zurückweisen, weil sie Hanni und Nanni nicht kennen. Mörike sucht in dieser Phase emphatisch *das uneingeschränkteste Vertrauen*; er reflektiert (etwa in einem Brief, den der 17-Jährige aus Urach an Waiblinger schreibt) über die Ambivalenz seiner Absicht, den Freunden in einer vorteilhaften Maske entgegen zu treten und ihnen doch *unbefangen* sein Inneres aufzuschließen. Mörike bringt aber bald seine Freundschaftsbeziehungen in eine ruhigere Gangart, die es ihm erlaubt, auch Zeiten der Entfernung schadlos zu überbrücken: *Der Körper unsrer Freundschaft ist gesund das weiß ich gar nicht anders, aber die Hand, ein Arm, womit man sich berührt u. aussen faßt, ist eingeschlafen u. wie pelzen* – heißt es in einem Brief von 1845, und das verwendete Bild besagt ja doch, dass die verlorene oder beeinträchtigte Nähe – sei es durch Besuche oder durch Briefe – wieder herzustellen ist. Freundschaft schließt für Mörike absolutes Vertrauen ein – nicht nur die rückhaltlose Offenheit, sondern auch die Gewissheit, dass ein Freund Fehlern und Versäumnissen mit Nachsicht begegnet. *Ich thue besser mit Entschuldigungen gar nicht anzufangen, denn was man auch in solchem Fall mit Grund zu seinen Gunsten sagen kann, es bleibt immer ein Rest der nur im guten Willen des Andern, d.h. im rechten alten Glauben (Orthodoxie) der Freundschaft aufgeht.*

In einem frühen Brief an die Schwester spricht Mörike vom Glück, von wenigen *ehrenvollen Freunden (...) einigermaßen, zum Theil ganz gekannt zu seyn – das gebe ihm Muth zur Freundlichkeit auch gegen die mich nicht kennen, noch wollen.* In der Tat schöpft Mörike aus wenigen Vertrauensverhältnissen die generelle Gelassenheit im Umgang, aus der er nur selten heraus fällt. Das schließt nicht aus, dass er ungesuchte und unwillkommene Bekanntschaften auf Distanz hält. Mehrfach notiert er in Briefen, wie er sich einem ungeliebten Besuch entzogen oder vor ihm versteckt hat. Umso engagierter vertieft er sich in die wenigen anerkannten Freundschaften, und in vielen Fällen überwiegt in den Briefgesprächen die Besorgnis um das Tun und die Gefühle des Partners die Reflexion der eigenen Lage. Notiz an Friedrich Theodor Vischer, mit dem der alte Mörike nach längeren Zeiten der Trennung in Stuttgart regelmäßiger zusammentraf: *Lieber Vischer! Mittwoch von 3 Uhr an erwartet Dich auf meiner heiteren, vor jeder Störung sichern Altanstube der Cafe, bei dessen Zubereitung meine Leute nicht vergessen werden, daß Du ein absoluter Anticichorianer bist.* Die Rücksicht reicht also bis zu den Liebhabereien und Idiosynkrasien. Und als er, ebenfalls im Alter, dem Besuch seines Illustrators Moritz von Schwind entgegensieht, bedauert er ehrlich das Fehlen eines Gastzimmers: ... *ein Gast in Pantoffeln und Schlafrock beim Frühstück gibt erst das wahre Behagen.*

Die These von der für Mörike notwendigen intensiven Kultivierung weniger Freundschaften lässt sich noch zuspitzen. Mit einiger Berechtigung kann man sagen, dass es durch all die Jahrzehnte *eine* Freundschaftsbeziehung war, die diesem in vieler Hinsicht gejagten und geplagten Mann inneren Halt gab: der Kontakt mit Wilhelm Hartlaub, der aus dem fränkischen Dorf Wermutshausen kam, der in Urach wie beim Tübinger Studium der gleichen Promotion angehörte, der (im Gegensatz zu Mörike) seine Pfarrstellen lange beibehielt (in seinem Geburtsort Wermutshausen und auf der Stöckenburg bei Vellberg war er jeweils 20 Jahre) und überhaupt nur zweimal den Dienstort wechselte, und mit dem die Verbindung trotz zeitweiliger Meinungsverschiedenheiten nie abbrach. Die erstaunliche Dominanz dieser Beziehung lässt sich quantitativ ausdrücken: Die sorgfältigen Register in den zuletzt erschienenen Briefbänden der großen Gesamtausgabe erlauben die Feststellung, dass etwa ein Sechstel aller ermittelten Briefe Mörikes an Hartlaub gingen; und das Verhältnis wird noch sehr viel krasser, wenn statt der Zahl der Briefe die der geschriebenen Seiten als Grundlage genommen wird; denn für diese Beziehung waren nicht kurze Notizen charakteristisch, sondern breit ausgemalte Berichte, Erzählungen, Erklärungen, Komplimente. Wilhelm Hartlaub war sich seiner Sonderstellung bewusst, und nicht ohne leichte Verunsicherung registrierte er Mörikes engere Kontakte zu Anderen. Aber Mörike konnte ihn beruhigen und bestätigte die herausgehobene Position: *Vor meinem hiesigen Umgang, Geliebtester, darf Dir nicht grauen. Die Vischer, Rapp u. Günthert schaden mir wahrlich nicht. Mein Herz hat, sozusagen, zwei Taschen, die zwar nah bei einander stehn doch immerhin zwei bleiben.*

Auch dem heutigen Leser der Briefe vermittelt sich die Besonderheit dieser einen Freundschaftsbeziehung. Er liest vom *Wunder* der *Liebe engverbundner Freunde* als dem schönsten Wunder, *das es geben kann*, und er erfährt in diesem Zusammenhang, dass Hartlaub dem Freund 500 Gulden, weit mehr als ein Jahresgehalt, zur Verfügung gestellt hat, damit der die Schulden seines Bruders bezahlen konnte. Normalerweise neigt man als Kind einer materialistischen Epoche dazu, aus dieser Geldgabe das enthusiastische Freundschaftslob abzuleiten, sodass es rissig wird: erst kommt das Geld, und dann die moralische Interpretation. Aber im Kontext des Briefwechsels zwischen diesen Freunden bleibt ein solcher Gedanke fern. Zu deutlich und glaubhaft sind die Bekundungen innerer Nähe – etwa, wenn Mörike bei der Anfahrt Hartlaubs zu einem Freundschaftsbesuch anhand der Karte die Stationen der Schlittenfahrt verfolgt, als empfinge er die Koordinaten über ein Handy: *Wo sind sie jetzt? (…) »Soeben Ailringen passirt!« Und später: »Der Schlitten hält noch immer, aber schon bespannt, in Krautheim …«* – und so fort. Oder wenn Mörike die *rührende Stille im Zimmer* schildert, nachdem die befreundeten Gäste das Haus verlassen haben. Oder wenn er (mehr als einmal kommt das in den Briefen zum Ausdruck!) über die Entfernung hinweg die vorbehaltlose Gemeinsamkeit des Denkens und Fühlens empfindet. *Ist es nicht herrlich* – so steht es in einem relativ frühen Brief an Hartlaub – *wenn zwei sagen können, es ist auch kein erlogen Fädlein zwischen uns!*

Ein so extremer Anspruch definiert Freundschaft als rückhaltlose Zweierbeziehung. Aber wichtig ist auch, dass Mörike seine freundschaftlichen Beziehungen immer einbettet in das familiäre Umfeld – sein eigenes wie das der Freunde. Ich habe den statistischen Befund nicht ganz korrekt wiedergegeben: Ein Sechstel der Briefe ging nicht an Wilhelm Hartlaub allein, sondern an alle Hartlaubs, an die Familie, an die Frau und auch an die Kinder, die bei den Mörikes (gleichgültig fast, wo sie gerade wohnten) ein abwechslungsreiches Refugium fanden. Die Kinder waren immer ins Familienleben und Freundschaftsverhältnis einbezogen – und auch die Tiere. Schon der 22-jährige Mörike schildert Hartlaub seine Vogelmenagerie in Möhringen und besonders den gezähmten Star: *Du glaubst nicht was dieses Thier mein Freund geworden ist, ich träume oft von ihm, und habe dann, immer als wär er in Lebensgefahr, schon viel um ihn geweint.* Mit diesem Freund führt Mörike – wenigstens nach seinen brieflichen Berichten – Gespräche über musikalische Stile, und der Star antwortet *bald sanft bald schmeichelnd bald in den rasendsten Expektorationen seiner kauderwelschen Waldsprache.* Später meldet Hartlaub Mörike, dass sein Hund verloren ging und unerwartet wieder auftauchte; Mörike schreibt prompt zurück, dass er *diese rührende Geschichte ... nach dem Nachtessen* seinem Hund, dem Joli, erzählte, *indem ich ihn dazu eigens auf meinen Schooß heraufnahm und er machte ein sehr andächtiges Gesicht dazu.* Mörike nimmt hier ein Bild auf, das er schon vier Jahre vorher entworfen hatte: Damals hatte sich Joli im Schönbuch verlaufen und war erst nach mehr als einer Woche nach Ochsenwang zurückgekehrt, wo ihm Mörike (so behauptet er in einem Brief) *seinen Steckbrief in der Zeitung* vorlas: *Ein angenehmes Roth überzog dabei seine kindliche Wange, ich weiß nicht ob aus Beschämung über das schmeichelhafte Signalement oder über die Dummheit seines Verlaufens.* Ob Mörike hier eine reale Szene nachzeichnet (zuzutrauen wäre sie ihm!) oder ein fiktives Bild malt, ist eigentlich gleichgültig – jedenfalls ist auch das ein Freundschaftszeugnis.

Dokumente der Freundschaft – und über weite Strecken Dokumente *einer* Freundschaft: Das ist ein

Etikett, das an der Sammlung der Briefe haften bleibt, auch wenn sie alles andere als einheitlich ist. Das Stichwort *Freundschaft* kann dabei aber noch in zwei Dimensionen erweitert werden. Noch vor einer Generation konnte man auf dem Land hören, dass zu einer Hochzeit die Freundschaft geladen oder dass zu einer Beerdigung die ganze Freundschaft gekommen sei. Damit aber war nicht etwa eine Inflation von Herzens- und Busenfreunden gemeint, sondern die weit gefasste Verwandtschaft. Mörike dürfte diese Bedeutung gekannt haben, hat sie aber gemieden. Doch was diese Verzweigung der Bedeutungsgeschichte zeigt, hat die Kommunikation im Umkreis Mörikes mit geprägt. Von einer Stuttgarter Teegesellschaft berichtet Mörike, dass man sich dort über die zwischen den Anwesenden kreuz und quer verlaufenden Verwandtschaften unterhielt; und einer meinte dazu: Wenn im Gespräch ein Vetter zum Vorschein komme, sei das nicht verwunderlich – *Im umgekehrten Fall vielmehr sey es am Platze zu erstaunen: »Ach wie? ist es möglich? kein Vetter, kein Onkel?« – und wenns der Nachtwächter von Hagelloch wäre.* In der Tat: Die württembergische Ehrbarkeit, die in diesen Kreisen bestimmend war, bildete ein dichtes Gefüge, in dem die Verwandtschaft kontinuierlich durch Hochzeiten und Patenschaften erweitert wurde und das nach außen – man kann auch sagen: nach unten abgeschlossen war. Freundschaftliche Kontakte waren also durch Verwandtschaftsverhältnisse vorgegeben oder erhielten durch die Einbeziehung von Verwandtschaften einen weiteren Hof.

Schließlich: In die mit *Freundschaft* beschriftete und schon gut gefüllte Schublade lassen sich versuchsweise auch fast alle Liebesbriefe Mörikes einordnen. ... *also bleibe es bei diesem ewigen Kreislauf der Liebe unter uns*, schreibt Mörike an Hartlaub, und in der schon zitierten Briefstelle bezeichnet er den Freund als *Geliebtesten*. Liebende Zuneigung ist Teil der Freundschaft, ist von ihr nicht zu trennen. Das ist, von Mörike vielleicht besonders bereitwillig aufgenommen, der Stil der Zeit. Aber in welch ausgeprägter Form die Liebesbeziehungen vom Vokabular und der Gesinnung der Freundschaft geprägt sind, das ist nicht nur, ist weniger der Zeitstil als Mörikes ganz eigene Akzentuierung. Gewiss, in manchen Liebesbriefen (vor allem an Luise Rau) begegnen auch Zierlichkeiten und sprachliches Zuckerwerk: Mörike nennt seine Braut *Seelchen*, betont *die süßeste Beklemmung*, schwelgt im *Nachgenuss* des Wiedersehens; und auch Küsse werden hier und im späteren schriftlichen Liebesverkehr ausgetauscht. Aber Mörike meidet expressis verbis *leidenschaftliche Ergüsse*, plädiert für *Geduld haben und fein bleiben* und rückt so seine erotischen Gefühle ins ruhigere Fahrwasser der Freundschaft.

Eigentümliche Scheu bestimmt die Liebeskommunikation, bestimmt allgemein sein Reden über die Liebe, in dem Sexuelles fast völlig ausgeblendet bleibt.

Mörike ist hier gebremst durch die Konvention – das zeigen einzelne ›Ausreißer‹ in den Dichtungen wie in den Briefen. Während er Schlegels »*Lucinde*« *in jedem Betracht unausstehlich* findet, bemüht er sich wenige Monate später um *das Göthesche Erotikon*, ohne zu vermerken, welches der freizügigen Gedichte Goethes damit gemeint war. Nicht ohne Spott berichtet er von einem Stuttgarter Staatsrat, der seine Tochter von seinem Literaturunterricht fern hielt, weil er dort »*Werther*« behandelte. Und in einem seiner Briefe an Hartlaub versteckt er sich hinter Jacob und Wilhelm Grimm, denen er von ihm selbst erfundene gewagte Wortbelege zuweist, die allerdings bezeichnenderweise mehr ins Skatologische als ins Sexuelle reichen. Im ganzen finden prickelnde erotische Gefühle und auch etwa heiße Peregrina-Erinnerungen in den Briefen keinen Platz. Ebendies trägt zum fast durchgängig freundlichen und auch freundschaftlichen Ton der Briefe bei; und es ist wie eine symbolische Verdichtung dieses Sachverhalts, wenn er die Schwester Klärchen und seine spätere Frau Margarete wechselweise als *Geliebte* anspricht und oft ganz ähnliche Freundschaftsbezeugungen an sie richtet wie an die Hartlaubs.

Mörike verlässt den Bereich einer ›gemütlichen‹ und sicheren Kommunikation kaum einmal zugunsten riskanterer Formen leidenschaftlicher Ausbrüche, aber auch nicht in Richtung der konventionellen Geselligkeitskultur. Allerdings ist bei diesem Thema besondere

Vorsicht angebracht. Schon ein nüchterner Blick auf das penibel geführte Mergentheimer Haushaltungsbuch zeigt, dass Mörike das frugale Leben gerne hin und wieder zurückließ, zum Beispiel als Badegast; und auch in Briefen schildert er gelegentlich seine Beteiligung an meist munteren Gesellschaften, die er natürlich in Stuttgart eher vorfand als in Ochsenwang. Andererseits ist es aber nicht *nur* eine briefliche Selbststilisierung, wenn er sich – manchmal durchaus eigenbrötlerisch – als jemand vorstellt, der vor allem seine Ruhe braucht und den alles Ungewohnte und Fremde ängstigt. *Gestern,* schreibt der 27-Jährige an seine Mutter, *war ein unendlich langweiliger Mensch zum Abendbesuch bei mir, Schulmeisters Sohn, eine stumme Klette, die ungeachtet aller meiner deutlichen Anspielungen auf Zeit und Uhr u. Glockenschlag u. des Nachtwächters Stimme und auf den Vortheil des frühen Schlafengehens und desto bäldern Aufstehens, – 2. Stunden auf Deinem Hocker festklebte. Hätte derselbe noch eine Lehne gehabt, ich hätte ihn vor Mitternacht nicht fortgekriegt. (Wir wollen den Hocker künftig für dergleichen Visiten bestimmt haben, oder einen Stuhl auf 3. Füßen, der eine mühsame Balance erfordert).* Der 34-Jährige entschuldigt sich für den versäumten Besuch bei einem Studienfreund: *Seit Jahren tauge ich für Gesellschaft nicht mehr.* Der 43-Jährige berichtet: *Gestern entging ich einem Stuttgarter Langweiler ..., indem ich mich mit der noch feuchten Zei-*

tung im hintersten Zimmer verbarg auf eine am Boden liegenden Matrazze mich hinwarf … Und der 61-Jährige meldet zufrieden an Frau und Tochter: *Einige Besuche, worunter ein fremder Herr wurden in diesen Tagen glücklich versäumt.*

Bei solchen Reaktionen ist zu bedenken, dass Mörike vor allem in seinen späteren Jahren zu einer kritischen Instanz des literarischen Lebens geworden war. Er regierte nicht gerade ein *literarisches Hauptquartier,* wie man Gustav Schwabs Stuttgarter Wohnung bezeichnet hat, war aber doch eine wichtige Adresse für poetische Debütanten. Mörike las längere Zeit geduldig die ihm übersandten Proben, landete in seinen Antworten aber meist schnell in einem Schema, das er sich offensichtlich zurechtgelegt hatte: Freundliche Worte über das eine oder andere Gedicht, eine zurückhaltend positive Bemerkung zur durchaus vorhandenen Begabung der poetischen Adepten, dann aber – unter Verweis auf die eigene *Herzensnoth,* weil er die Erwartungen der Einsender enttäuschen müsse – recht entschieden der Rat, zunächst doch ja nicht eine Veröffentlichung anzustreben, sondern die Poesie erst zu größerer Reife zu bringen. Trotz dieser partiellen Standardisierung blieb aber die briefliche und auch die persönliche Belagerung so massiv, dass er eine Anzeige in die Zeitung rückte, er könne Manuskripte und Bücher künftig nicht mehr annehmen.

Mörike schirmte sich aber nicht nur gegen Langweiler und aufdringliche Bittsteller ab. Er öffnet sich ganz generell nur zögernd und halbherzig weiteren Horizonten. Es ist bezeichnend, wie wenig politische Äußerungen sich über all die Jahre weg in den Briefen finden. Ganz fehlen sie allerdings nicht. Die Aufgeregtheiten der 48er-Zeit beispielsweise finden auch bei ihm ein Echo: *Die Nachrichten aus Frankreich aber verschlingen billig jedes andere Interesse und lassen einen selbst die Sorge um den eignen kranken Leib vergessen.* Er verabscheut die rabiateren Formen der revolutionären Aktionen: *Die neuesten polit. Symptome machen auch mich im höchsten Grad bedenklich ...* Aber auf längere Sicht sieht er eine heilsame Wirkung. Von Hartlaub hatte er *ein paar schwere Flüche über die Geburt unsrer Freiheit* erhalten; ihn mahnt er: *Verschütt Er aber nur nicht gar das Kindlein samt dem Bade; wir werden doch noch Freude dran erleben!* Auf dem Weg zur nationalen Einigung macht er eine positive Wendung zu Preußen und Bismarck mit – gegen das Urteil der engsten Freunde, die er beruhigt: *Hab ich Unrecht, so schadet es z. wenigsten der Sache nichts, da wir kein Haar dazu oder davon thun können.* Just diese Einsicht in fehlende Einwirkungsmöglichkeiten bremst ihn in seinem politischen Engagement; schon im frühen Briefwechsel mit Studienfreunden betont er seine Unfähigkeit, sich *lebhaft in einer Angelegenheit auszulassen, wo ich meinen Wirkungskreis nicht DIRECT vor mir sehe.*

Direkt – das ist ein Schlüsselwort, mit dem sich auch die Tür zu Mörikes Poesie einen Spalt öffnen ließe und das vielleicht auch mit erklärt, dass von dieser Poesie in unserer indirekt gewordenen Erfahrungswelt eine so große Wirkung ausgeht. Mörike bleibt bei *first world*; emphatisch bekennt er sich zur Welt der Nähe. In einem Brief aus dem Schicksalsjahr 1871 heißt es: *Es muss ein großer Ruck geschehn, so schwer es (...) halten mag.* Ein großer Ruck – unsere Assoziationen gehen dabei, angestoßen durch ein ähnliches Zitat aus der jüngeren Vergangenheit, in weite politische Dimensionen. Aber Mörike bezieht sich auf den wieder einmal notwendig gewordenen Wohnungswechsel, und die Schwierigkeiten liegen in den Kündigungsterminen.

Er sieht sich *von Hause aus auf einen engen subjektiven Fleck verwiesen*, spricht klaglos, eher mit leichter Koketterie, von seiner *beschränkten Existenz*, schildert immer wieder einmal behaglich das Interieur des engen Raums, in dem er schreibend sitzt. Natürlich ist das auch eine Inszenierung der spezifischen Kontaktsituation: *Sonnabend, Sturm und Zimmerwärme, das sind die besten Ingredienzen, aus denen der Punsch der ›Briefstimmung‹ gebraut wird,* heißt es beispielsweise auch in einem Brief Nietzsches (Februar 1868 an Erwin Rohde), der ja doch von einer ganz anderen Dynamik bestimmt war. Aber bei Mörike ist die Szene zwischen engen Wänden unveränderliche Realität. Er nimmt Bilder freundlicher Enge in seine Botschaften auf, spricht von der *Einförmigkeit der Berichte,* die er aus seiner *engen Kajüte durch die Brieftaube* an die Braut schickt; ja selbst in sein Inneres verpflanzt er das Bild: *Ich hatte mir innerhalb meiner vier Gehirnwände ein still apartes Stübchen vorgebildet, worin ich, Du weißt wohl mit Wem, verkehrte …*

Was in seiner Stube und in seiner engsten Umgebung geschieht, ist ihm nicht zu gering für eine Mitteilung. Deshalb finden sich in den Briefen immer wieder einmal poetische Alltags- und Naturschilderungen. Etwa in einem Brief aus Ochsenwang an Vischer: *Soeben bewegt sich ein großer Nebelschweif vom Hügel herunter ins Dorf herein. Ein Kind springt über die Gasse und zugleich stößt ein alter Mann im nächsten Haus das Guckfenster zurück indem er ruft: Schieb Stein' in Sak, Bub! Schieb Stein' in Sak! (ist sprüchwörtlich hier u. heißt: man soll sich schwer machen, sonst nehme einen die Wolke mit fort). Ein kleineres Mädchen im bloßen Hemd springt dem Brüderchen nach, es lacht herzlich zwischen Furcht u. Spaß.* Und dann als Coda mit Bezug auf eine poetische Figur Vischers: *Das wäre auch so ein Genrebild in Christophs Sammlung.* Oder, in einem Stuttgarter Brief an die Schwester: *Die Läden sind zur Hälfte zu, der Sturmwind treibt die hohen Bäume hin und her, die Buben fangen sich im Hof und oben wurde lang gebethhovelt, sodaß ich einmal wieder Gebrauch von meinen alten Ohrenstöpseln machte und allerdings dann fast so still wie auf dem untersten Meeresgrund lag*. Briefe an die Hartlaubs sind manchmal tagebuchartig gefasst und erstrecken sich über eine ganze Woche; und im Verkehr mit Freunden erfindet Mörike eine eigene literarische Gattung: *Musterkärtchen*, auf denen Alltagsbegebenheiten aus der engsten Umgebung festgehalten werden.

All das verweist auf eine eigensinnige, bewusste Abkehr von der großen Welt. Von den bäuerlichen Pfarrkindern in Cleversulzbach sagt Mörike, sie seien *die Antipoden des Philisterthums* – ihnen weiß er sich nahe. Später, in Stuttgart, betont er seine Distanz zu den modischen Kunstgenüssen: *ein Wechsel der Luft u. Lebensweise, die Eisenbahnrutsch selbst, ist mir, wenigstens bis jezt, bei weitem mehr werth als alles Kunstwesen (vor dessen erdrückendem, ermüdendem Genuß ich mich schon fürchte)*; und zu der gefeierten Sängerin einer Donizetti-Oper merkt er an: *sie kommt mir vor wie eine Person auf der Folter, wo sie nur je und je ein wenig ausruhn darf ...* Als er Freunden im Schwarzwald seinen Besuch ankündigt, beruhigt er sie vorher: *seyn Sie gewiß daß ich nicht einen Hutvoll Residenzluft mitbringe*. Mörike erholt sich, im Dorf wie in der Stadt, an und in der Natur. Es ist eine sentimentalische Haltung; aber er steigt aus, wo sie ins Schwärmerische kippt. Er schildert, in gedämpften Farbnuancen, die Stimmung eines klaren Wintertags, wendet sich dann aber an die Geliebte: *Du lächelst über meinen winterfrohen Enthusiasmus und greifst*

nach Deinem verbundnen Finger, dem die Jahres-
zeit nicht wohl bekommt – Selbstgespräch und
Gespräch.

Was er meidet und verurteilt, ist *affectirte Naivität,*
wie er sie an einer Erzählung von Berthold Auerbach
kritisiert und auch bei andern tadelt – etwa den *stark-*
glänzenden Lack über unächten Farben bei George
Sand oder *einen Zug falscher Naivität* beim jungen
Theobald Kerner, dem Sohn Justinus Kerners, der
diesem nicht nur in der ärztlichen Praxis nachfolgte,
sondern auch als Literat, ohne freilich dessen Bekannt-
heitsgrad zu erreichen. Mörike selbst (und dies gilt, wie
vieles andere, nicht nur von Briefstellen, sondern auch
für seine Dichtung) verströmt sich nicht im Sentiment,
sondern gestaltet es, spielt auch oft damit – wie man
Mörike wohl überhaupt nicht beikommt, wenn man
ihn nicht als genialen Spieler versteht.

Naturgemäß sind die Briefe ein besonders geeignetes
Spielfeld. Da gibt es Wortspielereien mit Namen –
Cleversulzbach firmiert dann als *Klepperfeld*, und die
Überlegungen zu einem eventuellen Pseudonym für
den Verfasser des »*Maler Nolten*« landen nicht nur
bei diskutablen Abwandlungen des Namens Mörike,
sondern auch bei *Meerschwein, Meerrettig* usw. Den
Dialekt verwendet Mörike nur selten, um quasi realis-
tisch Volkssprache einzufügen; öfter spielt er damit –
und er verfügt dabei über eine beachtliche Kompetenz,
nicht nur das Schwäbische und Hohenlohisch-Frän-

kische vorzuführen, sondern auch einmal preußische Anklänge oder Hebels Alemannisch.

Die Berichte übers häusliche Leben werden manchmal mit Phantasiespielen koloriert – etwa, wenn Mörike über seine einjährige Tochter schreibt: *Unsere kleine Fanny las mit ¾ Jahren schon Zeitungen u. Briefe laut vor sich hin, und eben jetzt, wo ich ihr einen Morgenbesuch machte, las sie den Titel eines Buchs von Hufeland: Guter Rath an Mütter über die wichtigsten Punkte der physischen Erziehung der Kinder.* Oder (um noch ein anderes Beispiel anzuführen): Er erzählt Hartlaub, wie er drei Mädchen bei einem Lied belauschte und es sich anschließend von einer Dienstmagd vorsingen ließ, um es zu Papier zu bringen – und nachdem er den ganzen Text zitiert hat, merkt er an, er habe dem Freund mit dem Liedchen einen *kleinen Bären aufgebunden. Es ist von mir und hat sich neulich Morgens im Bett unmittelbar nach dem Erwachen wie von selbst gemacht.* Das ist ein spielerisches Täuschungsmanöver, wie es ähnlich schon Arnim und Brentano bei ihrer Liedersammlung praktiziert hatten – Arnim und Brentano, denen Mörike wohl näher steht als den schwäbischen Romantikern.

All das sind nur Schlaglichter auf das, was aus der gewaltigen Zeitkapsel Mörike in mühsamer Kleinarbeit in dicke Bände übertragen wurde. Man hätte mehr und andere Schlaglichter setzen können – nicht zufällig fungiert Mörike ja als Projektionsfläche für ganz verschiedene Identifikations- und Interpretationsmöglich-keiten: Mörike als der – zusammen mit Goethe und Heine – wohl bedeutendste deutsche Lyriker. Mörike als liebender und liebenswerter pater familias. Mörike als treuherziger Provinzler. Mörike als Reiseführer in märchenhafte Phantasiewelten. Mörike als kongenialer Vermittler antiker Poesie. Mörike als Naturforscher, als Petrefaktensammler. Mörike als Alternativer, der sich an der Töpferscheibe versucht. Mörike als Gesin-nungsfreund konservativer Bildungsbürger. Ja sogar: Mörike als staatstragendes Symbol – wenigstens gehört es zu den seltsamen Kapriolen der Wirkungsgeschichte, dass beim Staatsakt zum 40-jährigen Jubiläum von Baden-Württemberg das Lied »*Denk es, o Seele*« vor-getragen wurde – glücklicherweise ist die gesungene Prognose »*Sie werden schrittweis gehn / mit Deiner Leiche*« bisher nicht in Erfüllung gegangen.

Was in meiner Aufzählung ausgespart wurde, ist Mörike als gemütvoller Pfarrherr. Nicht wenige bio-graphische Darstellungen und Interpretationen geben sich nicht zufrieden, bis sie Mörike zu seinem Haus-rock zumindest ein Bäffchen verpasst haben. Ich ge-höre nicht dazu, und ich glaube mich legitimiert durch Mörikes Korrespondenz. Natürlich hängt Mörikes Nähe zu einfachen Menschen auch mit seiner seelsor-gerlichen Tätigkeit zusammen. Natürlich ist Mörike, und nicht nur in seinem pastoralen Wirken, eingebun-den in die protestantische Formung des Lebens; und natürlich zehrt er wie seine poetischen Zeitgenossen von der christlichen Sprachtradition – angesichts der Standardkarriere fast aller schwäbischen Intellektuellen mit dem Durchgang durch Seminar und Stift ist das nicht verwunderlich. Aber in Mörikes Briefen tauchen theologische und religiöse Fragen fast ausschließlich in der frühen Phase auf, als er mit seinem *Changirplan* schwanger ging und seine geistliche Laufbahn zugunsten einer Tätigkeit als Redakteur oder Bibliothekar aufgeben wollte. Schon da sieht er *vorherrschende feurige Liebe zur Poesie* als wichtigstes Kriterium bei der Wahl seiner Freunde. Danach, nach seinem Rückzug ins geistliche Amt und erst recht nach der krankheitsbedingten Befreiung von diesem Amt, ist Mörike in erster Linie freier Poet, überzeugt, dass sich die *Poesie ihre erste göttliche Bestimmung zum Vergnügen niemals rauben lassen* wird. Das wird offenkundig in seinen Briefen – in den kleinen Skizzen, die auch als Fingerübungen verstanden werden können, in Zitaten und Anspielungen, in Reflexionen zu der eigenen Schreibtätigkeit und deren Behinderungen, in Urteilen über die literarische Landschaft seiner Zeit.

Eine solche Akzentuierung liegt als Chance im Gesamtüberblick über die Briefe, der es erlaubt, Interessendominanten und existenzielle Bezüge über das ganze Leben weg zu verfolgen. Ich will abschließend noch einen zweiten Akzent hinzufügen: Mörike – das ist in der vorherrschenden Perspektive auch der

Kranke, je nach Einstellung des Okulars der durch Leiden Beschwerte oder der sich in Selbstmitleid verzehrende Hypochonder. Gewiss finden sich dazu Belege in den Briefen – aber das Erstaunliche ist eigentlich, dass aus den Briefen bei allen Klagen doch überwiegend ein optimistischer, ein lebensbejahender Ton spricht. Kein jubelnder Überschwang, aber immer wieder ein *Hoffnunglein*. Mörike verwendet diesen Ausdruck dem Bruder gegenüber im Sinn von Renommee und Beziehungen; aber im Blick auf ihn selbst kann man ihn ins Allgemeine umdeuten. *Hoffnunglein* – das ist sicher kein Kandidat für das schönste deutsche Wort, aber ein Begriff, der am Schluss dieser tour d'horizon seinen richtigen Platz hat.

KEINE GETEILTEN MENSCHEN

Friedrich Theodor Vischer
lobt die gymnastischen Künste

Purzelbaumprofessor: Mit dieser Bezeichnung soll noch in den Nachkriegsjahren Front gemacht worden sein gegen den Plan, Sport als Gegenstand der Wissenschaft an den Universitäten zu etablieren. Möglicherweise ist das Wort nur ein einziges Mal irgendwann und irgendwo von einem konservativen Akademiker in die Debatte geworfen worden; aber es ist zum Schlagwort geworden, weil es die Arroganz charakterisiert, mit der man sich im Zeichen des Geistes gegen ernsthafte Körpererziehung und eine fundierte Sportwissenschaft wehrte. Dieser Widerstand war noch vor ein oder zwei Generationen zu spüren, und es gab Zeiten, in denen das Eintreten für Körperertüchtigung und sportliche Betätigung zum Ausschluss aus dem Kreis seriöser Wissenschaft oder doch zur Marginalisierung führen konnte.

Besonders hart prallten die Auffassungen in der Mitte des 19. Jahrhunderts aufeinander. Auf der einen Seite breitete sich das Turnen aus und gewann leidenschaftliche Anhänger; und andererseits herrschte in weiten Teilen der bürgerlichen Gesellschaft und vor allem auch in akademischen Zirkeln ein steifer Ton und die Überzeugung, dass geistige Tätigkeit durch körperliche Aktivitäten nur beeinträchtigt werden könne. Es gab nur Wenige, die sich gegen die Trennung wandten und die *aus einem geteilten einen ganzen Menschen herstellen* wollten.

Dieses Zitat stammt aus einer Antrittsrede, die an der Universität Tübingen am 21. November 1844 gehalten wurde. Antrittsvorlesungen gibt es bei der Ernennung von Privatdozenten oder Professoren noch immer; sie sind eine Visitenkarte fürs weitere akademische Publikum und bilden den Auftakt für eine freie und oft lange Lehrtätigkeit in einem Fach. Bei *Friedrich Theodor Vischer* war das anders. Er sprach, auch nach seiner eigenen Einschätzung, viel zu lang – aber er sprach so gut wie frei (auf einer langen Reise durch Italien und Griechenland hatte er sich für die antike Rhetorik begeistert und sich Schritt für Schritt die freie Rede antrainiert), und er sprach voller Leidenschaft. Das studentische Publikum folgte dem Vortrag enthusiastisch; im Kreis der Kollegen dagegen entstand eine gewisse Unruhe – der Rektor, so wird berichtet, habe sich einmal drohend von seinem Platz erhoben, sich dann aber wieder gesetzt. In dieser Unruhe kündigte sich bereits das Nachspiel zu der Antrittsvorlesung an: Knapp drei Monate später erhielt der neu ernannte Ordinarius Vischer Lehrverbot und wurde beurlaubt.

Glücklicherweise war Vischer gezwungen, die frei gehaltene Rede aus dem Gedächtnis und aufgrund der schriftlichen Voraus-Dispositionen zu rekonstruieren und zum Druck zu geben, sodass wir in der Lage sind,

zu überprüfen, was er Aufrührerisches oder Wider-
spenstiges sagte.

Vischer, 1807 geboren, war 1836 Privatdozent
für Ästhetik und deutsche Literatur, ein Jahr später
(er war gerade dreißig!) außerordentlicher Professor
(Extraordinarius) für das gleiche Gebiet geworden. Im
Sommer 1844 wurden an der Fakultät zwei Lehrstühle
frei, und er bewarb sich um eine ordentliche Professur.
In der Philosophischen Fakultät erhielt er keine Mehr-
heit; die Gutachter bescheinigten ihm einen *Mangel
an Charakterhaltung.* Der Senat reichte den Vorschlag
trotzdem weiter, und beim zuständigen Stuttgarter
Minister hatte Vischer gute Karten, weil der ein libe-
raler Kopf war.

Die Kontroversen in den akademischen Gremien
waren ebenso geheim wie allgemein bekannt, und es
gab auch offene Kritik an Vischer; er war sich also
seiner Situation bewusst. Aus manchen seiner Äußerungen geht hervor, dass er bei seiner Antrittsvorlesung
Vorsicht walten lassen wollte; aber erstens war schon
eine vorsichtige Formulierung von ihm oft so, dass
Andere sie als Wagnis betrachtet hätten, und zweitens
ließ er sich in seinen Reden und Schriften schnell aus
dem ruhigen Fahrwasser heraustreiben.

Akademische Rede zum Antritte des Ordinariats –
so lautete die Ankündigung, und auch für die Druckfassung wählte Vischer keinen präzisierenden Titel. Es
ging ihm darum, seine Disziplin – die *Ästhetik,* die im

Konzert der Wissenschaften verhältnismäßig neu und in Tübingen ganz neu war – in ihren Umrissen und Zielen zu präsentieren. Ästhetik ist die Wissenschaft vom Schönen, und zwar nicht so sehr eine Wissenschaft, die all die Bemühungen um das Schöne (vor allem in den Künsten) addiert, sondern eine Philosophie des Schönen, welche alle das Nützliche übersteigenden Gegenstände und auch Erfahrungen überblickt, eine Art Kulturphilosophie (wobei damit freilich ein unbestimmter Begriff nur durch einen anderen unbestimmten Begriff ersetzt wird).

Vischer kam es jedenfalls darauf an, diese Dachfunktion der Ästhetik zu betonen. Gleich im ersten Satz stellte er fest, dass er Ästhetik nicht als integriertes, sondern als *ein integrierendes Glied im Kreise der akademischen Wissenschaften* verstand. In ihrer Etablierung sah er *das Ende der scholastischen Bildungsweise*, und scholastisch (schon dies dürfte vielen Fachvertretern sauer aufgestoßen sein) nannte er *alle Wissenschaft, welche nur auf einseitige Fachbildung hinarbeitet, der Bildung des künftigen Beamten und Gelehrten die Bildung des Menschen opfert.*

Vischer lenkte den Blick zuerst auf die *von den andern, obligaten Wissenschaften über die Achsel angesehenen Stiefkinder der Universität*, nämlich auf *gewisse Künste*. Während die Erwartung (die Erwartung seiner Zuhörer, aber auch unsere Erwartung) bei diesem Stichwort auf die sogenannten schönen Künste gerichtet ist, wendet sich Vischer dem Bereich zu, den er am ausführlichsten, in rund einem Viertel der ganzen Vorlesung, traktiert – den *gymnastischen Künsten*, die er so breit fasst, dass sie nachträglich mit dem damals noch nicht gebräuchlichen Etikett *Sport* versehen werden können: Reiten, Fechten, Turnen, Ballspiel, Schwimmkunst. Zu dieser merkt er an, dass es am Unterricht in dieser Kunst gänzlich mangelt, *weil unsere gute Stadt Tübingen, so wie für einiges Andere, auch für einen Schwimmplatz nicht gesorgt hat.* Dann erwähnt er noch die Tanzkunst und schließlich auch das Exerzieren. Ästhetik? Vischer spricht in diesem Zusammenhang zwar von der *männlicheren Grazie* als einer *Zugabe zur Stärke;* aber schnell wird deutlich, dass es ihm nicht nur um harmonische Körperbildung geht, sondern zum Beispiel auch um die Wehrhaftigkeit mit Blick auf die *Vaterlands-Verteidigung.*

Auch der Aspekt der Gesundheit wird als ästhetischer Wert ausgewiesen: *wie mancher Rheumatismus, wie manche Indigestion, die jetzt mit Tee, Schwitzen, Rhabarber verfolgt wird, wurde sonst auf der Palästra geheilt! Schönheit aus Stärkung ist zugleich Hebung der Gesundheit, und mit den Gelehrtenkrankheiten, diesem Kreuz der Ärzte, würde es wohl auch anders werden, wenn die Gelehrten nur erst lernten, aufrecht, die Brust heraus, gehen!* Man kann sich vorstellen, dass manch Gelehrter im Hörsaal plötzlich einige Zentimeter größer wurde, weil er sein Kreuz durchdrückte.

Vor allem aber kann man sich vorstellen, dass Vischers Worte in einer Zeit, in der die meisten Professoren körperliche Betätigung scheuten und verabscheuten, als rabiate Attacke empfunden wurden. Und Vischer spitzt sein Argument noch zu, indem er insbesondere die Theologen angreift: *Zwar könnte aus der religiösen Forderung, dass unser Leib der Tempel des heiligen Geistes sein soll, die Bedeutung und Wichtigkeit jener Übungen leicht abgeleitet werden; aber die Religion auf ihrem spezifischen Standpunkte zieht solche Folgerungen nicht, sondern gibt sich leicht der Täuschung hin, als sei es genug, wenn verborgen auf dem innersten Herde ein heiliges Feuer brenne, während Mauern und Wände dunkel und schmutzig bleiben.*

Nach Vischer *verbindet sich mit diesem Standpunkte gewöhnlich jene negative Moral, welche die Bildung der Sinnlichkeit in ihrem eigenen Elemente mit Verdacht und Misstrauen beurteilt als etwas, was nicht sein soll.* Er leitet die Pflicht zur Körperbildung nicht aus der kirchlichen Religion ab, sondern aus einer zur Ethik erweiterten Religion, die er in das Prinzip fasst: *der Mensch soll, während er sich immer reiner zum Geiste bildet, sich ebensosehr als Natur erhalten.* Vischer bezieht sich hier auf die fortschreitende Arbeitsteilung; ihr will er durch Übungen entgegen wirken, *die aus einem geteilten einen ganzen Menschen herstellen.* Schnell nimmt er sich noch einmal den Stand der Gelehrten, also seine Kollegen, vor: Hier sieht er

Schwächlinge, *welche, wie man zu sagen pflegt, den Finger im Reisbrei abbrechen;* und er resümiert: *kein Stand ist so versessen, wie der gelehrte. Gerade deswegen ist der Gelehrte verpflichtet, doppelte Anstrengungen zu machen, um diesem Missverhältnis entgegen zu arbeiten und seine Menschheit als Ganzes zu retten.* Zu einem *ganzen Menschen*, zu seiner humanen Qualität gehört auch die Ausbildung des Körpers. Das Spazierengehen reiche nicht hin, so Vischer; der Leib müsse *nicht wenig gerüttelt und geschüttelt werden.* Auch für die Studierenden wünscht Vischer eine gymnastische Organisierung, um ihr schwunglos gewordenes Zusammenleben zu erfrischen.

Im Jahr 1845, nur einige Monate nach der Antrittsvorlesung, nahm Vischer das Thema der gymnastischen Künste noch einmal auf und konzentrierte sich dabei ganz auf das Leben an den Universitäten. Sein Aufsatz trug den Titel: *Das akademische Leben und die Gymnastik.* Als Untertitel war vermerkt: *Ein frommer Wunsch* – ein Zeichen dafür, dass sich Vischer über die Verwirklichung seiner Vorschläge keine Illusionen machte.

Er geht in dem Essay vom Niedergang des Turnens in Deutschland aus, der nach dem raschen und kurzen Aufstieg mit Friedrich Ludwig Jahn und anderen »Turnvätern« unverkennbar war. Vischer sieht, dass dieser Niedergang nicht nur staatlichen Verboten, also *dem Zwange argwöhnischer Gewalt* zu verdanken war, dass vielmehr eine ironische Einstellung zum Turnen entstehen musste *durch die falsche Romantik, die sich in diese Form warf und durch sie die dunkle Einfalt der ältesten Zustände des Volks erneuern zu müssen meinte.* Tatsächlich schwärmten die Anhänger des Turnens von einer Wiederherstellung altdeutscher Sitten.

Die Folgen mangelnden Körperbewusstseins speziell bei der akademischen Zunft schildert Vischer noch drastischer als in seiner Vorlesung: Das fühlende Herz schäme sich zu Tode, *wenn, wohin man blicken mag, hier aus dem elastisch schwebenden Menschentritt das Wackeln der Ente, das Hüpfen der Elster, ja das ganz mechanische Fortgestoßen- und Getretenwerden sich entbindet, dort die Arme wie Flügel segeln, wie Ruder arbeiten, der Kopf mit geöffnetem Munde vorwärts hängt wie dem durstigen Hunde, die eingesunkene Brust, die hereingedrückten Schultern der herrlichen Organisation spotten, durch welche die Vorderfüße als Arme zurücktreten und daher die Brust sich frei hervorwölben kann.* Vischer betont das Ärgernis, *dass am deutschen Beamten und Gelehrten sein Körper wie ein alter Lumpen herunterhängt.*

Er anerkennt aber, dass es auch Wendungen zum Besseren gibt: Durchgängig ist diese Missachtung der richtigen Körperhaltung nicht – nicht mehr. An den *mittleren Schulen* wird die Kunst des Turnens, *geleitet von früheren Offizieren*, wieder betrieben; und *allmählich erinnerte sich nun die veränderte Zeit der verlasse-*

nen Turnplätze wieder. Aber das allein ist für Vischer zu wenig; der Leib soll *Organ seines Geistes sein,* soll also höheren Zwecken dienen: *formelle Körperbildung ist zwar wichtig genug, aber sie um ihrer selbst willen treiben ist langweilig.*

Der Zweck, den Vischer vor Augen hat, ist die militärische Ertüchtigung, *kriegerische Übung mit freiem Bürgerbewusstsein.* Im Grunde war Vischers Vorstoß ein frühes Plädoyer für das Wehrturnen; eine ganze Reihe von Pionieren der Turnbewegung sorgte von den 50er Jahren des 19. Jahrhunderts an dafür, dass sich dieser Teil von Vischers frommem Wunsch verwirklichte. Er war an dieser Entwicklung nicht direkt beteiligt; er wandte sich nach seinem Exkurs über die Gymnastik im akademischen Leben in seinen Abhandlungen nicht mehr dem Turnen zu. Aber gelegentliche Ausfälle gegen seine Zeitgenossen lassen erkennen, dass er seine Einstellung nicht geändert hat. Er sehe, schreibt er in einem Aufsatz zur Kunst seiner Zeit, nur Menschen um sich, *denen man in jedem Zuge ansieht, dass sie entweder selbst Polizeidiener sind, oder fürchten, es möchte ein Polizeidiener sie arretieren; Menschen, die von dem Gesetze einer falschen Scham beherrscht, jede Leidenschaft verbergen, jeden Ausdruck der Individualität verleugnen; registrierte, reduzierte, geleckte, beschnipfelte, bis oben zugeknöpfte, mit dem Lineal gemachte, mit der Beißzange abgezwickte Menschen.* Auch seine boshaften, zum Teil in Verse gefassten Notizen zum

Badeleben nehmen vor allem die Vertreter des eigenen Standes aufs Korn. In einem ironischen Heldengedicht mit dem Titel *Ischias* träumt beispielsweise ein *bresthafter Mensch*, dass ihm im Wildbad Graf Eberhard gegenübertritt mit der Frage:

> *Wer bist du dann,*
> *Du siecher Mann?*

Die Antwort:

> *Professor bin ich zubenannt*
> *Und dien' im Württembergerland.*

In den 40er Jahren des 19. Jahrhunderts, als Vischer seinen Aufsatz zur Gymnastik niederschrieb, gab es an den Universitäten zwar Ansätze zu kriegerischen Übungen wie das Fechten, aber sie waren eingebunden in das ritualisierte Verbindungswesen, das sich nach Vischers Auffassung *überlebt* hatte: *der geistlose Bodensatz des alten Verbindungslebens, dem die Rohheit geblieben und der Spiritus entwichen ist, bietet keine Jugendlust.* Vischer wendet sich gegen die *bornierten Korpsinteressen*, die nur *trotzige Reibung* und nicht *schönen Wettstreit* ins Ganze des akademischen Lebens bringen.

So deutlich sich Vischer mit der militärischen Funktion des Turnens identifiziert – er rückt die Gymnastik in eine allgemeinere anthropologische Dimension. In der akademischen Jugend sieht er das gegensätzliche Nebeneinander von *Geistigkeit des Strebens und Sinnenfreude des blühenden Alters;* und er sucht nach einem Mittel, *das geistigen Inhalt in die Erholung hinüberträgt und die Sinnlichkeit durch edlere Form über sich selbst erhebt.* Er sieht dieses Mittel in der Schönheit, in die er den Körperausdruck einbezieht; in diesem Sinn plädiert er für *eine durchgängige gymnastische Organisation.*

Die Charakterisierung, die er in diesem Zusammenhang formuliert: *eine Lust, worin ein Ernst ist,* nimmt viele spätere Sport-Definitionen vorweg. Es geht auch in diesem Aufsatz um die Herstellung eines ganzen Menschen – und gerade auch der Gelehrte hat nach Vischers Auffassung das Recht und die Pflicht, *ein ganzer Mensch, ein ganzer Mann zu sein.* Halb ernst, halb augenzwinkernd fügt Vischer hinzu, dass die körperliche Ausbildung zum ganzen Mann auch der Wirkung beim weiblichen Geschlecht zugute kommt, das sich sonst allzu schnell dem Militär zuwendet, welches bisher den *spezifisch männlichen Ausdruck der Tapferkeit und Kühnheit* monopolisiert habe. Aber in erster Linie geht es Vischer darum, durch gymnastische Übungen *dem versessenen Körper Bewegung zu geben.* Daran sollen sich die Universitätslehrer gemeinsam mit den Studierenden beteiligen.

Dies war im Grunde auch schon die Botschaft der Antrittsvorlesung, die aber das Problem der körperlichen Bildung in einen größeren Zusammenhang stellt und auch noch andere Fragen anschneidet. Vischer eilt in dieser Vorlesung nach seinem grundsätzlichen Plädoyer für körperliche Ausbildung weiter zu anderen Feldern. Er will einen sicheren Platz für die selbständigen Künste an der Universität, für das Zeichnen also und die Musik, und er beklagt, dass es kein Theater gibt. Dies freilich, so stellte er fest, werde man *entbehren müssen, solange wir in die kleine, vom bedeutenderen Verkehr abgeschlossene Stadt, auf die allereinfachsten Bedürfnisse patriarchalischer Menschheit beschränkt, von der tiefsten Hässlichkeit umgeben, uns gebannt sehen.* Hier geht es also nicht nur um die Universität, Vischer wendet sich auch gegen die Stadt, gegen Tübingen. Er kommt verschiedentlich darauf zurück, sieht sich aber nun zunächst *nach den eigentlichen Fakultäts-Wissenschaften* um.

Stur hält er fest an seiner Idee, dass die Ästhetik eine Integrationswissenschaft für alle Disziplinen sein kann, und so fühlt er sich bemüßigt, überall hin Verbindungslinien zu ziehen. Dies tut der Rede nicht gut; ein rhetorisch-literarisches Meisterwerk ist sie nicht, aber sie vermittelt ein aufschlussreiches Zeitbild. Die Verbindungslinien, die Vischer zwischen der Ästhetik und den verschiedenen Fächern zieht, waren zum Teil sicher humoristisch gedacht. Dann sind sie akzeptabel, nur bleibt dann von dem hehren Integrationsanspruch nicht mehr allzu viel übrig. Bei der *Medizin* führt

Vischer beispielsweise in drastischen Bildern aus, dass ihr sezierender Zugang das Auge beleidige und dass die Ästhetik deshalb ein innigeres Verhältnis zu den altertümlichen Verfahren der Heilkunst habe, wie sie in der mittelalterlichen Literatur belegt sind. Dann erwägt er, *dass zwar das Leben und die Gesundheit schön ist, tragisch erhaben aber der Tod.* Und weiter: *Da jedoch tragisch ergreifender als ein stiller Tod auf dem Krankenbette ein blutiger und gewaltsamer Tod ist, so könnte sich die Ästhetik in dieser Beziehung mehr zur Chirurgie hingeneigt fühlen.* Schon dies ist eine Feststellung, die den Medizinern einiges an nachsichtigem Humor abfordert, und nicht genug damit: Vischer sieht den Rang der Chirurgie dadurch beeinträchtigt, dass deren Hauptinstrument, das Messer, auch dazu dient, den Bart zu beseitigen, und dazu merkt Vischer (der stets einen gewaltigen Vollbart trug) an: *Das Abnehmen dieses männlichen Schmucks muss der künstlerische Standpunkt als eine Barbarei bezeichnen.*

Auch im Hinblick auf die *Polizeiwissenschaft* und die *Rechtswissenschaft* hat Vischer eher kuriose Anmerkungen parat – und gewiss war er sich der Kuriosität bewusst. Die Ästhetik, so stellt er fest, habe *etwas Polizeiwidriges. Nach Vaganten, Zigeunern, Dieben, Räubern fahndet der Dichter und fahndet der Polizei-Beamte; aber jener, um sie in Romanen unterzubringen, dieser um sie ins Gefängnis zu stecken, und dies ist offenbar ein Unterschied.* Auch das formalisierte

Rechtsverfahren misst Vischer an den ästhetischen Bedürfnissen der Poesie: *Der Amtsstubengeruch, die Maleficantenbank, das Verhör, die Armen-Sünder-Angst: hier geht jene, zwar unheimliche, Größe und Furchtbarkeit verloren, welche in der Poesie auch dem Verbrechen noch eine düstere Erhabenheit leihen soll.* Er registriert zwar im Kriminalrecht auch *tiefere Bestimmungen und hiermit zugleich Anknüpfungspunkte mit der Ästhetik*, nämlich *Gewissen, Schuld, Strafe* – aber er führt dies nicht mehr aus.

Zu etwas ernsthafteren Betrachtungen kommt Vischer im Zusammenhang mit den Fächern der *staatswissenschaftlichen* Fakultät. Man fragt sich zwar, inwieweit seine Beobachtungen hier der Ästhetik verpflichtet sind; aber er trägt jedenfalls hellsichtige Thesen zur gesellschaftlichen Entwicklung vor. So spricht er etwa von der Ambivalenz des Maschinenwesens, *in welchem der tote Mechanismus an die Stelle der lebendigen Menschenhand, der warmen Einlebung der Individualität in ihr Werk sich eindrängt*, das aber andererseits den Wohlstand fördert. Der Wohlstand freilich führt zur *Anhäufung des Vermögens auf der einen, Verarmung und Verwilderung auf der andern Seite.*

An solchen Beispielen wird deutlich, dass Vischer das Ästhetische als Harmonie in allen Lebensbezügen versteht, als gelungenes, nicht durch falsche Fesseln eingeengtes Leben. Das spielt die Ästhetik in den Bereich sozialer Ordnungen und auch in den Bereich des Ethischen hinüber. Man muss sich vor Augen halten, dass es die weitgehende Spezialisierung der Wissenschaften noch nicht gab, sodass die Ästhetik eine Stellvertreterrolle einnahm für noch nicht entfaltete Formen der Humanwissenschaften wie etwa die Soziologie oder auch die Empirische Kulturwissenschaft (der man ja auch nachsagt, sie schrecke vor nichts zurück).

Vischer schreckte wirklich vor nichts zurück; mit Selbst- und Sendungsbewusstsein vertrat er seine Position auch dort, wo sie in Konflikt mit herrschenden Lehrmeinungen kam.

Dies wird besonders deutlich in der Schlussetappe seiner Rede, die etwas kurz geriet – offensichtlich hatte er das Aufstehen des Rektors richtig gedeutet. In diesen abschließenden Passagen behandelte er das Verhältnis der Ästhetik (Ästhetik, wie er sie verstand) zur *Theologie*. Er leitete diese Passagen folgendermaßen ein: *Es wird mir vergönnt sein, freimütig zu reden, da man mir wohl zutrauen wird, dass ich mich nicht auf den konfessionellen Standpunkt stelle.* Gemeint war damit, dass er beiden Konfessionen gerecht werden wollte; aber seine Formulierung lud zum Missverstehen ein, und man kann durchaus fragen, ob sich darin Naivität ausdrückte oder ob er es provozierend darauf anlegte, missverstanden zu werden.

Als Hegelianer stellte Vischer die Entwicklung der Konfessionen in einen historischen Zusammenhang. Er konstruierte eine Art Dreischritt: Der Katholizismus ist festgelegt auf streng fixierte dogmatische und liturgische Traditionen, aus denen sich der Protestantismus befreite. Aber, so formulierte Vischer später: *Die Reformation vertauschte eigentlich nur eine Autorität mit der andern: die Tradition mit der Bibel.* Die kritische Theologie, die sich damals schon hervorgewagt hatte, sah Vischer zwangsläufig aus dem Protestantismus hervorgehen; sie stellte die Fixierung auf die Bibel in Frage durch Akte der Entmythologisierung, stellte damit aber auch den absoluten Anspruch in Frage und führte die Geistlichen in eine Krise: Was sie als nur noch symbolische Wahrheit, als Bild, verkündeten, wurde ja von der Masse der Gläubigen als historische Realität hingenommen.

Vischer sah es als Vorzug und Tugend der protestantischen Kirche, *in Selbstauflösung begriffen zu sein.* Das Ergebnis dieser Selbstauflösung war für ihn die dritte Phase, eine *Weltansicht auf rein sittlichen Grundlagen.* Von ihr gibt es nach Vischer höchstens aus Bequemlichkeit oder Opportunismus ein Zurück zu der *in der Kirche verfleischten Religion.* Die aufgeklärte, säkularisierte Weltsicht erkennt Vischer als verbindliche Grundlage der nicht dem Mythos, sondern der Wahrheit verpflichteten Wissenschaft. Bei solchen Äußerungen wurden Teile des zuhörenden Kollegiums sehr hellhörig, und sie wurden es vollends, als Vischer mit einer Kampfansage schloss: Überzeugung müsse

Gesinnung werden, und diese sei unteilbar. *So verspreche ich denn den Feinden – im Prinzip – einen Kampf ohne Rückhalt, ich verspreche ihnen – im Prinzip – meine volle, ungeteilte Feindschaft, meinen offenen und herzlichen Hass. Ich habe auch in meinem Amtseid nicht geschworen, Rücksichten zu nehmen, sondern, ohne links und rechts zu sehen, ohne Menschenfurcht meiner Überzeugung und der Wahrheit treu zu folgen.*

In der publizierten Fassung war *im Prinzip* fett gedruckt. Vischer wollte dies betonen, weil der Kampfansage die Versicherung folgte, dass er im persönlichen Verkehr Anstand und Achtung walten lasse. Es verstehe sich, schrieb er in einem Brief an den Freund, Landsmann und Altersgenossen David Friedrich Strauß, dass er mit seinem Pochen auf Überzeugung nicht sagen wollte, er *werde in Verhandlungen, wo man Person neben Person sitzt, eine Bestie sein.*

Im gleichen Brief resümiert Vischer die Wirkung seiner Antrittsvorlesung: *Die Rede hat bei den Studenten im allgemeinen enthusiastischen Effekt gemacht, der in einen Fackelzug ausbrechen will; bei den Professoren übeln, das heißt bei den Feinden natürlich, bei den halb Billigen aber auch, denn diese verlangen Nüchternes und Zahmes und konnten mein Feuer nicht schmecken.* Im Anschluss an die Vorlesung wurde Vischer in den Senat eingeführt; der Rektor äußerte dabei, Vischer sei nun *eingeladen,* an dessen *leiden-*

schaftslosen und ruhigen Verhandlungen Anteil zu neh-men. Vischer hielt dies für eine Formel, die jedes Mal gesagt wurde; tatsächlich war es eine spezielle Ermah-nung für ihn, der er – hätte er das geahnt – wohl sofort widersprochen hätte.

Der Fackelzug der Studenten kam zustande; aber das blieb fast das einzige positive Echo. Die Vorlesung wurde zum Stadtgespräch, in kirchlichen Kreisen zum Landesgespräch. In Predigten wurde vor den Verirrun-gen Vischers gewarnt; in den großen Zeitungen nah-men Geistliche und Laien gegen Vischer Stellung – fast alle, ohne die Rede gehört zu haben. Da nun auch Flugschriften erschienen (die meisten anonym), gab Vischer die Rede in Druck, was aber nur neue Angriffe provozierte. Es gab auch einzelne Verteidigungs-schriften, die Vischer zum Teil aus dem Hintergrund dirigierte; aber dominierend war heftige Ablehnung, die sich manchmal recht unchristlich äußerte. Christof Hoffmann in Ludwigsburg, einer der führenden Köpfe der württembergischen Pietisten, schrieb einundzwan-zig Thesen gegen den *Gotteslästerer und Götzendiener* Vischer. Die zehnte These lautete: *Wer die christliche Kirche öffentlich angreift oder herabsetzt, den muss sie aus ihrer Gemeinschaft feierlich hinausstoßen zu den Hunden* – was Vischer wahrscheinlich nicht als schwerste Strafe empfunden hätte, denn er hatte fast immer einen Hund, und er setzte sich leidenschaftlich für den Tierschutz ein.

Auch der württembergische König, an sich ein Frei-
denker, sah in Vischers kirchenkritischen Äußerungen
einen Angriff auf den Staat und forderte seinen Minister zum Handeln auf. Vom Senat wurde eine Stellung-
nahme erbeten, die sehr zurückhaltend ausfiel; einige
Professoren legten aber ein Sondervotum vor, in dem
gefordert wurde, die Universität müsse vor einem solchen Lehrer geschützt werden. Der Senat musste noch
einmal Stellung beziehen und riet zu einem Verweis der
Regierung ohne weitere Konsequenzen. Tatsächlich
sprach der zuständige Minister eine Verwarnung aus
wegen Vischers mehrfacher *die Grenzen der Wissenschaft überschreitender Äußerungen gegen den religiösen Glauben.* Und es blieb nicht bei der Verwarnung;
Vischer wurden Lehrveranstaltungen an der Universität untersagt, er wurde für zwei Jahre beurlaubt – unter
Beibehaltung seiner Bezüge.

Die Mitteilung über die Beurlaubung erhielt Vischer
am 17. Februar 1845; in der gleichen Nacht hatte ihm
seine Frau den ersten Sohn geboren. Es wird berichtet,
dass Vischer wie gewohnt an den Katheder trat und
dass er die beiden Ereignisse den Studenten so mitteilte:
*Meine Herren! Ich habe heute einen großen Wischer
und einen kleinen Vischer, eine kleine Unmuße und
eine große Muße erhalten.* Tatsächlich war dies für zwei
Jahre die letzte Kollegstunde. Die *kleine Unmuße* ging
zum Leidwesen Vischers rasch vorbei, sein Kind starb;
die *große Muße* hielt dagegen an. Eingaben um eine

Verkürzung des Lehrverbots, teils von ihm selbst, teils von Kollegen und Freunden, blieben erfolglos.

Die Auseinandersetzung kann hier nicht in allen Verästelungen dargelegt werden. Sie wirft jedenfalls ein Licht auf die kaum zu überschätzende Dominanz von Theologie und Kirche im Königreich Württemberg, die sich nachdrücklich auf das politische und kulturelle Leben auswirkte. Vischer forderte eine von theologischen Vorgaben unabhängige Wissenschaft, und er operierte ganz generell mit einem Menschenbild, das religiös motivierte Einschränkungen zurückließ und in dem die Kultivierung des Körpers eine wichtige Rolle spielte. In seiner Antrittsrede wandte sich Vischer ja nicht nur gegen wissenschaftliche Mängel und Einseitigkeiten, sondern gegen den herrschenden akademischen Stil. Sein Plädoyer für körperliche Betätigung war nicht nur eine Mahnung zu gesunder Lebensführung, sondern eine Attacke gegen das verstaubte und verhockte Wesen an der Universität. Sein Eintreten für das mutige freie Wort war ein Angriff auf die Duckmäuserei, und ausdrücklich wandte er sich an einer Stelle seines Vortrags gegen den *Mechanismus aller Verwaltung, welcher den im Staate tätigen Individuen jenen Stempel aufdrückt, den wir durch das Wort Philister bezeichnen; und wirklich, die Ästhetik wendet sich von keiner Erscheinung mehr ab als von einem Büro-Gesicht, auf welchem von oben bis unten nichts geschrieben steht, als: Oberregierungsrat.* Man kann sich vorstellen, wie entzückt die Oberregierungsräte im Publikum über diese Äußerung waren ...

Vischer scherte dies nicht. Gänzlich undiplomatisch und völlig unerbittlich behauptete er seine Meinung. Den Kritikern Vischers war diese Unerbittlichkeit bewusst; die sich gegen ihn stellten, bezogen sich nicht nur auf die Antrittsrede, sondern auch auf früher Publiziertes und Gesagtes, und sie kalkulierten ein, was von ihm weiterhin zu befürchten war. Er attackierte mit der Waffe des Witzes – seine Gegner rügten dies als Frivolität; aber er kündigte in seiner Rede an, dass er auch weiterhin *die unangenehme Kraft des Lächerlichen* einsetze, *um alles das zu verfolgen,* was er *als eine rohe Trübung der reinen Idee auf dem Boden der Wissenschaft erkenne.*

Vischer mischte sich grundsätzlich ein. Seine Schriften – nicht die umfangreiche, über weite Strecken trocken-systematische »Ästhetik«, sondern die kleinen, in Zeitungen und Jahrbüchern erschienenen Essays – sind deshalb so interessant und amüsant, weil er darin Schwächen seiner Zeit, aktuelle Probleme und die ganzen Vertracktheiten der Bürgergesellschaft aufgreift: die komplizierten unterwürfigen Umgangsformen, den Wust an Titulaturen, den Wandschmuck aus süßlichen Nazarenerbildchen, die fehlende Geselligkeit und – nicht zuletzt – die durch die Produktion angeheizten Kapriolen des Modewechsels. Seine Kritiken sind erfrischende Botschaften aus einem ferngerückten

Jahrhundert – nicht überholt, da auch sein prinzipielles Erziehungsziel nicht überholt ist: *aus einem geteilten einen ganzen Menschen herstellen.*

NATUR UND POESIE

Heinrich Hansjakob
attackiert die Kultur

Dass die kulturelle Entwicklung kritisch begleitet wird, ist ein selbstverständlicher Teil des Entwicklungsprozesses: Bestimmte Ausformungen der Kultur werden in Frage gestellt, und so wird der Versuch gemacht, der Kultur eine andere Richtung zu geben – manchmal vergeblich, manchmal mit Erfolg. Wenn von Kulturkritik die Rede ist, werden damit aber im allgemeinen radikalere Einstellungen anvisiert, grundsätzliche Zweifel am Wert, ja an der Möglichkeit kultureller Entwicklung.

Der aus Haslach im Kinzigtal stammende badische Pfarrer Heinrich Hansjakob war ein engagierter Vertreter dieser radikaleren Kulturkritik. Kultur ist für ihn die *Unglückshexe der Menschheit* vom ersten Schultag an, sie verzärtelt die Menschen und treibt sie in die Genusssucht; Kultur ist ein Feuer, das zu wärmen scheint, letztlich aber zerstört. Für diese Abwertung des Kulturbegriffs durch Hansjakob gab es einen sehr spezifischen Grund. In Baden kam es in den 60er Jahren des 19. Jahrhunderts zu Auseinandersetzungen zwischen dem Staat und der katholischen Kirche. Der kirchliche Einfluss sollte zurückgedrängt werden, im Zeichen aufgeklärter Vernunft, aber auch mit dem Ziel durchgängiger staatlicher Organisation. Einige Jahre später machte auch in Preußen der Staat gegen die Kirche Front; und nachdem der Berliner Arzt und Abgeordnete Rudolf Virchow die staatlichen Maßnahmen gegen die Kirche als *Kampf für die Kultur* bezeichnet hatte, war allgemein vom *Kulturkampf* die Rede. Hansjakob stand in diesem Kampf; er wandte sich verschiedentlich gegen die liberale badische Regierung, die mit ihren Gegnern recht wenig liberal umging. Er erfuhr dies am eigenen Leib. Als er seine erste feste Stelle in Waldshut hatte, berichtete er unter dem harmlosen Titel *Aus den Ferien* über eine Reise, die er in seinen Heimatort Haslach im Kinzigtal unternommen hatte. Dort hatte er ein Steinkohlenwerk besucht und *nur zwei Menschen auf der Erde* angetroffen, *den Verwalter und den Maschinisten – drunten aber bis zur Tiefe von 1300 Fuß arbeiteten viele Männer und Kinder um schmählichen Tagelohn.* In Offenburg aber, so fuhr er fort, *leben in Saus und Braus die Mastbürger, deren Aktien die Kohle zutage fördern und sinnen nach, wie sie im Lande Baden die Feiertage abschaffen möchten, damit ihre weißen Sklaven in den Kohlengruben keinen Tag freies Gotteslicht genössen! Wahrlich ein fluchwürdiges Geschlecht, diese liberalen Krämerseelen unserer Zeit ...* Dieser Passus brachte Hansjakob eine Untersuchung und, weil er nichts zurückzunehmen bereit war, die Degradierung ein, der wenig später die Entfernung aus dem Schuldienst und sogar ein Monat Festungshaft folgten, nachdem er sich in einer Wahlrede erneut gegen die Liberalen in der Regierung gewandt hatte.

Der Kampf gegen die Regierung war für ihn ein Kampf gegen die Kultur. Aber auch jenseits dieser politischen Fronten war ihm Kultur verdächtig. Dieser Begriff umfasste für ihn die ganze neue Entwicklung der Bildung, des Fortschritts, der Modernisierung, und Hansjakob sah die negativen Seiten dieses Prozesses, der die Menschen aus ihren traditionellen Bindungen und Lebensformen löste.

Hansjakob war gegen die Kultur. Und wofür war er? Er war – in seiner Terminologie – für *Natur* und *Poesie.* Mit Natur verband er nicht in erster Linie ein Gefühl für landschaftliche Schönheit; er zielte mit diesem Begriff auf das natürliche, naturnahe Leben der Menschen, auf den unmittelbaren Umgang mit der Natur, den er in der Umbruchsituation seiner Zeit verloren gehen sah. Er ging dabei nicht von abstrakten Überlegungen aus, sondern von den konkreten Erfahrungen, die er als Lehrer und Schulvorstand in Waldshut und danach als Pfarrer in Hagnau am Bodensee machte. In einer seiner Schriften lässt er einen Hagnauer zu Wort kommen, der klagt, dass der Staat mit den neuen Dampfschiffen *die kleinen Leute ruiniert und aus ihrem Leben, so voll von Lust und Durst, so voll von Arbeit und Erholung, die schönen Schiffertage genommen habe.* Technischer Fortschritt ist für Hansjakob kein Fortschreiten im schwer überschaubaren Gelände menschlicher Werte, und nicht alles, was als Erleichterung angeboten wird, macht tatsächlich das Leben und Zusammenleben leichter. Und indem Hansjakob »Lust und Durst« auf eine Stufe mit »Arbeit und Erholung« stellt, klingt auch schon sein Begriff von Poesie an. Auch im Hunger- und Überschwemmungsjahr 1817, so erzählt er, ging bei den Hagnauern *die Poesie nicht unter. Da die Straßen im Unterdorf fußhoch unter Wasser standen, beschlossen die Bürger, zum Andenken alle Schulkinder in einem großen Segelschiff durch das ganze Unterdorf führen zu lassen. Es geschah, und die hungrigen Kinder hatten die größte Freude.*

Was er Poesie nennt, entsteht für ihn nicht trotz, sondern wegen der einfachen Verhältnisse. Im höheren Alter war Hansjakob fast drei Jahrzehnte lang Stadtpfarrer in Freiburg. In dieser Zeit schrieb er seine wohl beliebteste Erzählung »*Der Vogt auf Mühlstein*«, die immer wieder aufgelegt und mehrfach von ihm ergänzt wurde. In der Überarbeitung von 1911 – Hansjakob war 74 Jahre alt – spricht er von der *Fülle poetischen Volkslebens* im Schwarzwald. Er beruft sich auf *die alten, hochkultivierten Griechen*; schon sie hätten gefühlt, *dass bei den Naturmenschen die Poesie wohne*, und deshalb den Sitz der Musen *nicht in eine Stadt, nicht in ein Fürstenschloss oder an eine Universität oder gar an eine höhere Töchterschule* verlegt, *sondern in die einsame Heide.* Und die Musen verkehrten *nicht mit Professoren und »Blaustrümpfen«, auch nicht mit Hofdamen und Kammerjunkern, sondern mit Hirten, das heißt mit Bauern.* Die Abneigung gegen alle modernen Formen der Bildung ist unverkennbar, aber sie verbindet sich mit der Sympathie für diejenigen, denen diese moderneren Formen ohnehin nicht zugänglich sind.

Was Hansjakob schildert, was er als Natur und Poesie hervorhebt, ist eigentlich ein Stück *Alltagskultur.* Es ist der Teil der Kultur, der sich nicht in Opernhäusern und Konzertsälen abspielt und der von den Vertretern der Zelebritätskultur oft kaum zur Kenntnis genommen wird. Friedrich Nietzsche sprach von der *erheuchelten Missachtung aller Dinge, welche tatsächlich die Menschen am wichtigsten nehmen,* und er zählt auf: *Essen, Wohnen, Sich-Kleiden, Verkehren.* Hansjakob interessierte sich für diese Dinge, und er spürte sie vor allem bei den unteren Sozialschichten auf, bei Menschen, die sich nur mühsam über Wasser halten konnten und die doch nicht ohne ›Poesie‹ lebten.

Um ein Romantisieren der Armut handelte es sich nicht. Hansjakobs Hagnauer Jahre fielen in die Gründerzeit, die zwar eine relativ kleine Schicht von Profiteuren der ökonomischen Entwicklung begünstigte, die aber vor allem Teile der ländlichen Bevölkerung aus ihren Bezügen herausriss und proletarisierte. Hansjakob bezog Stellung zugunsten der Benachteiligten. Noch im Schuldienst hatte er eine Studie über die revolutionären Hotzenwälder Salpeterer geschrieben; die Hagnauer Porträts, die er niederschrieb, konzentrieren sich auf Handwerker, kleine Bauern und Taglöhner;

und während seiner späteren Freiburger Zeit wandte er sich in einer kleinen Studie den *Nachtkönigen* zu, wie man die Kloakenräumer, die Abortleerer nannte, die ihre mühsame Tätigkeit verrichteten, wenn die Bürger schliefen. Im allgemeinen waren die Kloakenarbeiter gerade für spöttische Bemerkungen und dubiose Anekdoten gut; in Tübingen beispielsweise machte man sich in den sogenannten Gogenwitzen über sie lustig. Hansjakob dagegen nahm sie ernst und schilderte ihre elende Fron aus der Perspektive eines Kindes: *Am Sonntag, wenn der Josefle in die Kirche sollte, um die Predigt anzuhören und nachher für den Katecheten aufzuschreiben, kommandierte der überstrenge Vater einen Marsch hinaus auf die Dörfer, um die Bauern zu bestellen, welche den Inhalt der Kloaken holten und bezahlten. Und wenn dann gegen Mitternacht die Bauern anrückten, musste der Knabe mit und helfen den Eimer ziehen. Schöpfte dieser nimmer selber, so musste er auf einer Leiter hinabsteigen in die Kloake und den Eimer bedienen. Das war eine lebensgefährliche Arbeit. Ein Licht, das oben an der Öffnung in umgekehrter Stellung, die Flamme nach unten, angezündet wurde, sollte für den in der Grube Arbeitenden ein Zeichen sein, ob noch genügend Lebensluft vorhanden wäre.*

Hansjakob interessierte sich, wie er notierte, auch für *Menschen inferiorster Art, vielleicht auch zweideutigen Charakters;* und es war nicht das Interesse des

Schriftstellers an exotischen Szenerien, sondern direkte Anteilnahme. Allerdings vertrat er die Ansicht, *dass das Leben des einfachsten und armseligsten Menschen es verdiente, aufgeschrieben und veröffentlicht zu werden*; auch deshalb suchte er die Nähe zu den einfachen Leuten. Einmal erzählt er, wie er mit seinem großen Schlapphut, *wie ein Farmer aus einer der abgelegensten Prärien des Westens*, neben einem geistlichen Professor mit Vatermörder, Zylinder und Backenbärtchen stand und dachte: *Gott, wie froh bin ich* – wäre er nämlich seiner ursprünglichen Absicht nach Professor geworden, so würde er wohl ähnlich herumlaufen.

In den ersten Jahren seiner Hagnauer Zeit wurde er erneut verurteilt, weil er die parteilichen Entscheidungen bei einer Pferdeprämierung kritisiert hatte; die amtlich bestallten Tierärzte, deren Namen er anführte, sähen *nicht auf die Farbe der Stuten und Fohlen, sondern auf die Farbe der Bauern*. Drei Wochen verbrachte er im Gefängnis von Radolfzell. Er suchte dort regelmäßig die Arbeit im Holzschopf, denn dort traf er auf *Gesellschaft, mit der man verkehren kann, ohne ›Knigges Umgang mit den Menschen‹ studiert zu haben*. Dass ihm im Gefängnis ein Bauer sagte: *In meiner Jugend habe ich gearbeitet, dass ich im Alter trinken kann*, erzählt er nicht ohne Sympathie, und für übermütige Taten hatte er immer etwas übrig – egal, ob die Hagnauer 1848 Patronen machten und Kugeln gossen, sie aber dann zum Vergnügen über den See schossen, oder ob sie sich bei der Seegfrörne 1830 als erste aufs Eis wagten und nach einem gefährlichen Marsch das Schweizer Ufer erreichten.

Ein gewisser Übermut war auch ihm selbst nicht fremd. Immer wieder legte er sich mit der Obrigkeit an – erst stritt er gegen die Reglementierung der Geistlichen, die nach den Vorstellungen der Karlsruher Regierung ein staatliches »Kulturexamen« hätten ablegen sollen; später, gegen Ende seiner Zeit am See, kam er mit den Vertretern des politischen Katholizismus in Konflikt, weil er einen versöhnlichen Kurs gegenüber dem weltlichen Regiment empfahl, um den *Notstand in der Seelsorge* nicht noch größer werden zu lassen – aber auch, weil er sich von den autoritären Strukturen der kirchlichen Institutionen und von dogmatischen Setzungen wie der Unfehlbarkeit des Papstes distanzierte. In einem ökumenischen Gedenkgottesdienst zu seinem 90. Todestag im Schwarzwalddorf Hofstetten sagte deshalb der evangelische Pfarrer, Hansjakob sei *protestantischer als viele Protestanten* gewesen.

Hansjakob verstand sich aber nicht nur als Seelsorger, sondern auch – wie er sich einmal ausdrückte – als »*Leibsorger*«. Dieser Begriff hat freilich etwas Schlagseite bekommen, nachdem fleißige Historiker dem Pfarrer allerlei Fehltritte nachgewiesen haben, die man an seinen Wirkungsorten nicht recht wahrhaben wollte. Inzwischen haben sich seine Anhänger aber auch dort den verbrieften Tatsachen gebeugt. Der stattliche Pfarrherr (die Zeitgenossen betonten immer wieder die mächtige Erscheinung des fast zwei Meter großen Mannes) bezeichnete sich als *Schwärmer für die schönste Göttin, die Freiheit.* Das war er zweifellos, aber seine Neigung galt auch weniger allegorischen Gestalten. Dass er, an dessen Autorität im Dorf niemand zweifelte, auch auf das weibliche Geschlecht großen Eindruck machte, ist sicher; die Frage, wieviele Kinder er hatte, wird auch weiterhin die Bürger Hagnaus und seiner anderen Wirkungsorte beschäftigen und manchmal entzweien – im Rahmen dieser Skizze soll kein postumer Indizienprozess veranstaltet werden. Hansjakob selbst wollte mit dem Begriff *Leibsorger* betonen, dass ihm auch die materielle Seite des Daseins seiner Pfarrkinder am Herzen lag. Er kümmerte sich um ihr alltägliches Leben und Arbeiten, um materielle Nöte und wirtschaftliche Bedingungen. Und hier griff Hansjakob bekanntlich direkt und nachhaltig ein.

Der wichtigste Wirtschaftszweig der Gemeinde Hagnau war (und ist!) der Weinbau. Hansjakob gründete hier die erste badische Winzergenossenschaft – nach württembergischem Vorbild. Dazu hat sich Hansjakob meines Wissens nicht geäußert. Man kann fragen, ob er dazu schwieg, um so der eigenen Initiative den Anstrich einer Pioniertat zu geben; schließlich hob er seine Verdienste gern hervor und sorgte zu Lebzeiten mit dem Bau einer eigenen Kapelle für seinen Nachruhm. Aber es war wohl eher so, dass die Verschiedenheiten zwischen Badenern und Württembergern für ihn keine große Rolle spielten. Er registriert zwar, dass man in Baden und Württemberg unterschiedliche Rebsorten bevorzugt; und dass er bei seinem Aufzug in Hagnau einen württembergischen Vorgänger vertrieb, der gerne geblieben wäre, freut ihn recht unchristlich. Aber andererseits macht er den Schwaben auch einmal Komplimente, indem er feststellt, dass bei ihnen *gesunder Menschenverstand* herrsche und dass dort nur die Talentvollen studieren.

Baden und Württemberg – das war im ganzen nur eine neue Nachbarschaft, die er durch manchen Austausch und manche Besuche entlang dem See als unproblematisch erlebte. Lebendiger war für ihn die ältere Tradition der kleinen Territorien, die durch den Reichsdeputationshauptschluss beseitigt worden waren. Hansjakob verdrehte das komplizierte Wort zu Reichsdeputations*raubb*eschluss und machte so deutlich, was er davon hielt. Für ihn wirkten die alten Strukturen nach. Als ihn später eine seiner Reisen, die er in detaillierten Aufzeichnungen beschrieb, in die nähere Nachbarschaft führte, berührte er auch württembergische und hohenzollerische Orte, aber im wesentlichen bewegte er sich auf ehemals vorderösterreichischem Boden. Der katholisch-vorderösterreichische Einfluss reichte von Bregenz bis Freiburg, und er wirkte auch in das reichsstädtische Überlinger Gebiet hinein, zu dem Hagnau gehört hatte. Hier war ein eigener Kulturraum (auch wenn Hansjakob dieses Wort gemieden hätte), überlagert von den Strukturen der späteren politischen Grenzziehung, aber nach wie vor lebendig.

Man tut jedenfalls gut daran, die Entstehung der Hagnauer Genossenschaft nicht in die Plänkeleien zwischen Badenern und Württembergern einzubeziehen. Die Gründung war keine patriotische Demonstration, sondern eine ökonomische Notwendigkeit. Hansjakob, der übrigens selber Rebland besaß, befreite damit die Weinbauern aus der totalen Abhängigkeit von den Weinhändlern, die ihnen nur schlechte Kaufpreise boten, und er sorgte dafür, dass die Weine – im Anbau, der Lagerung und im Ausbau – verbessert werden konnten.

Darüber hinaus sah er im Winzerverein auch die Möglichkeit, die Mitglieder und damit den Großteil der Dorfgemeinschaft enger zusammen zu führen. Wenn nach der Generalversammlung der Winzertrunk stattfindet, dann kreist der von Hansjakob gestiftete Trinkpokal. Im Zusammenhang mit einem Freitrunk nach einer Marienwallfahrt erwähnt Hansjakob ausdrücklich die Einbeziehung der Frauen: *Auch für die Frauen gründete ich einen solchen Freitrunk, und es hat mich nie gereut. Der Pfarrer muss nicht nur für die religiösen, sondern auch für die sozialen und gemütlichen Bedürfnisse seiner Gemeinde sorgen.* Hansjakob stiftete mit dieser Innovation einen Brauch, der ihn überdauerte.

Es wäre allerdings ein großes Missverständnis, aus Hansjakobs Initiative abzuleiten, dass er ein Vorkämpfer der Emanzipation war. Es gibt Dutzende Bemerkungen von ihm, die in die entgegengesetzte Richtung weisen; je älter er wurde, umso häufiger schrieb er sie nieder – beiläufig oft nur, in Tagebücher, aber die veröffentlichte er, und auch sie fanden ein großes Publikum. *Kleinlichkeit, Äußerlichkeit, Empfindlichkeit, Putzsucht, Eitelkeit, Komödiantentum, Rachsucht, Zänkerei, Schwätzerei und eine mehr oder weniger große Portion Heuchelei und Lügerei* – das waren für ihn die Charakteristika der Frau. *Dass die Weibervölker Blumen malen und blutarme und bleichsüchtige Bücher schreiben*, sei *eine alte Geschichte. Aber dass sie ein Gymnasium absolvieren, Maturitätsprüfungen machen und Medizin, Naturwissenschaften und Philosophie studieren, ist die Narrheit und Unnatur zu Pferd.* Es sei an der Zeit, schrieb Hansjakob, das weibliche Geschlecht *in die Kinderstuben, an die Waschzüber, in die Küchen, zu den Stricknadeln und Spinnrädern zurückzutreiben.* Und nicht einmal in diesen »weiblichen« Revieren ließ er den Frauen den Vorrang: Es sei ein Armutszeugnis, dass *das Kleidermachen und das Kochen* von Männern ausgeübt werden müsse, *wenn was Rechtes dabei herauskommen soll.*

Hansjakob mühte sich zeitlebens um freie und vernünftige Anschauungen; aber solche Mühe beseitigt nicht unbedingt alle Vorurteile. Bedenklicher noch als seine generalisierenden Klischeevorstellungen über Frauen war seine Einstellung gegen die Juden. Die Tagebuchblätter, die er 1900 unter dem Titel *In der Karthause* publizierte, enthalten seitenlange Bemerkungen über die Juden, die nur von bösartigen Vorurteilen gespeist sind; Hansjakob bezeichnete sich selbst als *Antisemit* und sah die Juden in einem rücksichtslosen Kampf gegen die *Arier*. Die negativen Charakterisierungen formuliert er fast immer bäuerlich-derb, in Stammtischmanier gewissermaßen; das nahm ihnen aber nichts von ihrer gefährlichen Wirksamkeit, im Gegenteil. Das gilt für die antisemitischen Äußerungen so gut wie für die über die Frauen.

Hansjakobs Abneigung gegen die Frauen steigert sich übrigens noch, wenn *Weibsleute* Rad fahren – sie würde er am liebsten *für vogelfrei erklären*. Er unterstellt, dass vor allem *hässliche Weiber und Mädchen* fahren, *weil sie einiges Aufsehen machen wollen und sonst kein Hund nach ihnen bellt.* Die Kritik richtet sich hier nicht nur gegen die Frauen, sondern auch gegen ein neues technisches Gerät als Teil der *Kultur* im Sinne Hansjakobs: *Ich lasse mir Radfahren gefallen als ein praktisches Vehikel für Geschäftsleute, aber Dutzende von Kilometern über staubige Landstraßen dahinzurasen ist selbst bei Mannsleuten ein die Gesundheit schädigender Unsinn.* Hansjakobs Eintreten für *Natur* und *Poesie*, das ihn sensibel und in gewisser Weise durchaus modern auf ökologische Probleme reagieren lässt, blockiert ein gerechtes Urteil gegenüber technischen und zivilisatorischen Veränderungen.

Man darf allerdings Hansjakobs Skepsis gegenüber dem Fortschritt auch nicht pauschal als rückständig beiseite schieben. 1916, kurz vor seinem Tod, gibt er eine kleine Denkschrift mit dem schönen Titel *Zwiegespräche über den Weltkrieg gehalten mit Fischen auf dem Meeresgrund* heraus. Schon vorher hatte er sich gegen den Militarismus und den vor allem von Preußen beförderten *Rüstungswahnsinn* gewandt; er sah, dass die neuen Kampfmittel die Auseinandersetzungen noch blutiger machten, und er wandte sich gegen die Kriegsbegeisterung. Mitten im Ersten Weltkrieg setzte er sich für den Pazifismus und den *friedlichen Wettbewerb* der Völker ein. Das war eine neue Dimension der *Leibsorge*, zu der sich damals nur wenige, auch nur wenige Seelsorger bekannten.

TEXTNACHWEISE

Der Essay zu *Wilhelm Hauff*s Märchen »Zwerg Nase«
ist ein Originalbeitrag.

Eduard Mörike als Briefschreiber wurde anlässlich des
Abschlusses der großen Marbacher Briefedition vorgestellt
in einem Vortrag im Literaturhaus Stuttgart, der im Jahrbuch
der Deutschen Schillergesellschaft 2008 abgedruckt ist.

*Friedrich Theodor Vischer*s Blick auf die Körperkultur war
Gegenstand einer Ringvorlesung der Universität Tübingen im
Sommer 2002 (erweiterte Druckfassung in »Sportkultur«,
Tübingen 2006).

Beiträge zu *Johann Peter Hebel* und *Heinrich Hansjakob* sind
im Sammelband »Berühmte und Obskure« (Tübingen 2007)
veröffentlicht; sie wurden für dieses Buch überarbeitet.

ABBILDUNGSNACHWEISE

Seite 19
»Hebel und Vreneli«, Aquarell von Carl Josef Agricola, 1814.
© Historisches Museum Basel.

Seite 39
»Der Zwerg Nase«, Wilhelm Hauff, 1827, Titelblatt.
© DLA-Marbach.

Seite 67
Eduard Mörike (1804–1875). Lithographie von
Bonaventura Weiß, ca. 1851. © DLA-Marbach.

Seite 95
Friedrich Theodor Vischer. Fotografie von Friedrich Brandseph,
undatiert. © Städtisches Museum Ludwigsburg.

Seite 119
Widmungsblatt des Winzervereins Hagnau für
Heinrich Hansjakob (1837–1916) von Curt Liebich.
© Augustinermuseum, Städtische Museen Freiburg.
Fotografie: Hans-Peter Veser.